中亞，曾是歐亞文明

卻淪為近代史上一場

因為，無法被滿足的

於是，走訪上海、新疆，行腳哈薩克、烏茲別克，

但突如其來、驚嚇指數破百

我在哈薩克被綁架了！

生死一瞬間，一段充滿驚險的大逃亡即將展開！

羅的好 文‧攝影

中亞傳奇
逃出哈薩克

Kazakhstan

目錄 Contents

Contents

自主行系列序。

世界如此精彩

　　台灣在1970年代開始經濟起飛，創造了一個人人稱羨的經濟奇蹟，國家富裕，人民有信心，企業家手提一隻007皮箱走天下，到處做生意，一般民眾也蠢蠢欲動，希望走出去看看廣闊的世界，看看人家怎麼過生活，想想自己。於是1979年1月9日，政府開放國人出國觀光。30年來，台灣民眾出國人次已不計其數了，走過的地方更遍及世界。這個措施，讓台灣民眾越發有國際觀。

　　晚近由於網路資訊發達，旅遊型態也跟著改變，不再只是跟團旅遊，走馬看花；尤其年輕人，憑藉著收集資訊的方便性、語言能力、經濟力、自信心和勇氣，紛紛獨闖天涯，於是以交換學生、打工度假、背包客、沙發客等各種名目的自主行旅遊型態跟著崛起；許多年輕朋友的世界因此顯得更寬廣，生活經驗更豐富，他們立足台灣，放眼世界的胸懷，已非我們所能及。更難能可貴的是，他們還有無比的熱情，願意提供自己獨特的旅行經驗，讓人參考，使後來者走得更順暢，玩得更快樂和平安！

　　這樣自主行的旅遊方式，已蔚然成風，於是乎，華成圖書提供了這種旅遊經驗交流的平台，希望藉由記錄這些勇闖天涯的年輕人寶貴的旅遊經驗，形成一種旅遊文化，看看人家，想想自己，不管好與壞，都有值得學習或借鑑的地方，由外而內

刺激省思，促發我們文化的變革或更新！這是一個文化理想，需要時間經營，如同百年樹人一般！

　　雖然成效緩慢，但我們華成樂於這樣的工作，因為世界如此廣闊、精彩無比，當我們國人踏遍世界五大洲的時候，我們希望出版的版圖也可以跟得上他們的腳步！因為每一個地方都有不一樣的風景和文化，每一個人的旅遊經驗又是那麼的獨特，其間的歡樂、悲酸、孤獨、寂寞、無助與收穫等等各種情愫，都一一化作文字，呈現出一個繽紛多彩的世界，教人讚嘆，我們又怎能割捨呢？

　　像《中亞傳奇──逃出哈薩克》是多麼奇特的經驗啊！一來哈薩克、烏茲別克等中亞國家是被世界邊緣化的地區，從來就被忽視，而作者竟跑到這塊陌生的土地旅遊。關於哈薩克和烏茲別克，對我們來說，要不是早前瓊斯杯籃球賽裡哈薩克隊狂掃中華隊，誰也不會論及哈薩克；要不是烏茲別克新娘代理母孕的紛爭鬧上新聞頭版，誰也不會去探究烏茲別克是個怎樣的國家！二來是作者在哈薩克被搶，差點被撕票的悲慘經驗，好在他機警，保留了性命，倉皇逃出哈薩克，也是值得說說的事件，可提供給後來者警戒之。

　　回顧歷史，中亞地區之阿拉木圖、塔什干、撒馬爾罕等城市，曾是絲綢之路從長安到羅馬或到君士坦丁堡的重要中繼站，而此地區也曾在14世紀末到16世紀初建立起強盛的帖木兒大帝國，是當時伊斯蘭世界的中心；卻在海路勃興的時代裡沒落，而成為世界的邊緣，再加上被蘇聯納入聯邦成員，封閉而與世隔絕，以致於我們如此陌生。

　　作者是有勇氣，且特立獨行的，把目光注意到這塊被我們忽略的土地，進而獨自冒險旅行，為我們揭開這層神祕面紗。書裡有歷史的陳述，也有景點的描述，更有民情風俗的敘述，客觀而持平；即使他在哈薩克遭劫，對陌生人不再信任而有了防備，他仍然稱許並感謝當地人民的善良、熱情，以及所給予的協助。這一段歷劫生死邊緣的經過，作者娓娓道來，令人悸動！

　　這個年輕的作者，富文化素養，他筆下的哈薩克和烏茲別克，陌生卻生動有趣，讓我樂於推薦，親愛的讀者，你也應該來看看這塊被世界忽略許久的土地、應該來了解一下這裡號稱成吉思汗後裔的熱情人民！

　　敞開心胸，你會發現世界是如此的精彩！

主編 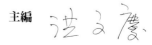

推薦序。

I walked into that strange guesthouse and was greeted my some familiar faces, and great friends, including one that had been searching for me, even drawing some crazy picture to make an advert. It was Kyle, and I still have that picture!

我走進那間陌生的民宿，迎接我的卻是些熟悉的面孔，包括那位正在找我，甚至畫了一幅誇張的尋人啟事的朋友，他就是Kyle，而至今我仍保有那張塗鴉！

背包客 Mark

哈薩克、烏茲別克，是古絲路要道，異國商旅交易中心，絲路雖然沒落，卻沒有完全消失，仍有無數的市集販賣成堆瓜果，卡車取代駱駝，來往於各國間。

認識Kyle是在哈薩克駐新疆領事館。那天同行的朋友Fred突然告訴我「Hey, I see a Taiwanese.」隨即我看到Kyle從一群碧眼中亞人裡冒了出來。大陸有句話：老鄉見老鄉，兩眼淚汪汪。看到Kyle，我莫名感動。

當時中國發生75暴動，政府封鎖了網路、國際電話，我們不知道什麼時候戒嚴封路，長途巴士不開，甚至下一次衝突的可能，變數太多，很多背包客想離開新疆，Kyle和大家反方向──他進疆了。

這本書記錄了Kyle旅行開始到結束的心路歷程，他在新疆經歷暴動戒嚴，在哈薩克被綁架，連串的突發狀況面對陌生國家，考驗著旅者的臨場反應。細膩的文字中帶著一點黑色幽默，適合喜愛旅行，血液裡潛藏冒險基因；或嚮往絲路，對西域有玄妙幻想的朋友。

背包客 Nancy

當天方夜譚，不再是天方夜譚。

隨著旅遊資訊越來越發達，出國的方便度大增，想要到世界任何一個角落，都已經不是難事，離我們不遠的哈薩克、烏茲別克這些國名，卻比實際距離更遠的西歐，來的更為陌生，所以，當我聽到友人要前往這些國家，出國第一天就碰上疑似食物中毒的事件、在哈薩克遭遇綁架的驚險事件，經歷多苦難的遭遇，現今終於要集結成書，讓我不僅又驚又喜。

本書不僅僅是書寫個人旅遊的遭遇與心情，更蘊含豐富的歷史典故、各國的現況與背包客最愛的實用訊息。而光是那些富有韻律與美感的城鎮名稱，也讓人邊閱讀邊嚮往，如果你也和我一樣對這些國家充滿好奇，相信這本書可以給你許多方向與解答。

學姐 宜華

「對於任何事物，除了感恩及喜悅以外，你再無其他理由」——佛陀

其實非常慶幸作者可以平安回來，我想每個旅人在出發前的準備，最重要的應該是研究如何保護好人身安全。因為踏過的土地，可以重新再踏上一次；散落的回憶，可以再重新燃起另外一盞；但逝去的傷害卻可能很難彌補。

很慶幸他在那一瞬間想起那句話「你什麼都可以弄丟，只有護照和現金絕不能掉，至少你要回得了家」，勇敢的跟歹徒溝通，找出方法脫困。我想書中鉅細靡遺的分享很多作者在中亞旅遊當時的感觸，可以讓每個想踏上旅程或正在旅程中的讀者心中多了一份謹慎，更盡情的領略不同的文化風采。

「天堂和地球的所有準則，都在你心裡」——植芝盛平

好友 建玄

作者是我十年的好友。我僅能用「奇蹟」兩字形容他帶來的驚喜。之所以為奇蹟，因為總是猜著了開頭，卻永遠猜不到結局。

那些年呼嘯山林的單車天涯，我們是快樂的大學生！有一次論及最愛的書時，意外聽到「當然是《阿拉斯加之死》！我有一天也要踏上旅程！」心下恍然，這是他的夢想。畢竟生命太短，不該微不足道。

我能做的就是祝福，誠心的祝福，還有希望我的心臟能再強壯些。

好友 浩中

CHAPTER ONE

中國
China

撕裂了的世界地圖。

新疆的遊牧羊

寫在開始前：素描中亞

　　中亞，歐亞文明中樞，帖木兒（Timur）帝國的據點，卻淪為近代史上一塊被放逐的疆域。撒馬爾罕固然顛覆我的世界觀，但更深刻的，倒是古今變遷的滄桑。

　　曾經爛熟的歷史課本講述的，是世界文明集中在中國和歐洲，各說一段故事。但我聽說過一個理論：十七世紀是西方超越東方、航海取代絲路的開端；我們現在所認知的世界，是延續歐洲在地理大發現時代所建構的視野，對航海的船艦而言，

中亞的地理位置

深藏內陸的中亞在意義上無異是世界的盡頭，濃厚的神祕感散不去，也不被這世界認識。相反的，僅僅幾世紀前，中亞確實曾是歷史的重點，它的文化成就甚至比歐洲更耀眼。英國的地緣學家麥金德（Mackinder）曾提出的陸權論：他認為歐亞（Eurasia）舊大陸像座島嶼，而中亞位在這座島嶼的心臟地帶，能夠掌控心臟的國家，就足以征服全世界。十五世紀的帝王帖木兒也深信，撒馬爾罕據守往來印度、波斯和東歐的轉運站，若真有個國家能等同於全世界，中亞無疑就是它的核心。

當然，最開始的我，是什麼都不知道的。

會注意到中亞，其實是計畫去新疆旅行的過程中，意外的發現到歐洲和新疆的中間有幾個國家，很微妙，卻又合情合理。我當然會訝異它們的存在，不僅是我，朋友也總以為中亞是新疆或東歐的一部分，彷彿在地圖上，大陸和東歐的邊線被膠水黏住了，地圖下擠出皺摺，中亞就卡在那不正常的夾層裡，沒有人聽說他們的故事。

你能想像嗎？我的世界觀忽然被撕裂開來，空白的區塊被這些陌生的國家填充。半個亞洲的旅行，就因為無法被滿足的好奇，催促著我去傾聽這世界的內心深處。

寫在開始前：就去流浪吧！

一個很現實的問題：自助旅行該要有多完善的事前準備？

哈薩克
的東正教教堂

在新疆的
駱駝體驗

邂逅新疆
原住民

烏茲別克的
清真寺外

烏茲別
克市集

熱情的
中亞居民

就像是該念多少書才有資格上考場，我從沒聽說有人自信能準備周到，但現在的情況更嚴峻多了。身在台灣，極度缺乏中亞的資訊，更別提還有個充滿挑戰性的簽證──就像期末考在即卻拿不到課本！打從一開始，準備工作都遠在想像外，若真要有十足的謹慎，旅行才能開始的話，大概永遠也踏不出那第一步了。

或許初生之犢不畏虎，我沒有等萬事備足就狂妄的上路了，等不及簽證，那就邊旅行邊等；資料收不齊全，有相關的先帶著再說。我唯一能稱得上是準備的，就是確認所有的簽證、路線、住宿在理論上可行，有前例可循，在我需要時能隨時的到位。

最主要的，該歸功於躍躍欲試的勇氣，讓我自信能應付各種狀況，也期待去挑戰旅行的不確定。事後的心得是，旅行，或中亞，真的沒有先前以為的遙遠。

寫在開始前：那一夜

旅行絕對不簡單，想飛的阻礙多的數不清，有些事，你甚至不得不裝作不在意。大概和其他聽說過的背包客一樣，難免先從家庭抗戰開始打起，我不確定家人聽到哈薩克會不會昏厥，出發前僅僅說和同學去上海玩，就拉鋸了一個月。

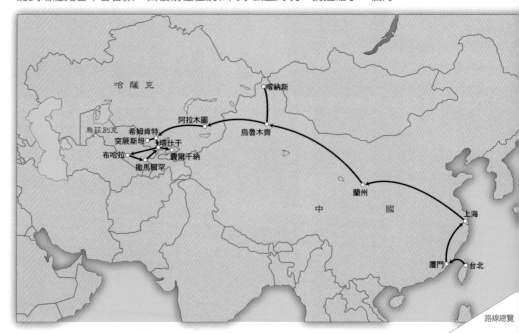

路線總覽

最後那晚，媽在榮總陪伴住院的外婆，我悄悄推開了病房房門，走到外婆旁握住她的手道別。看進外婆的眼眸，不確定她渙散的眼神是否能理解我即將要遠行。一周前，外婆剛住進醫院，醫生當著我們家族十幾個人的面前，宣布了足以讓空氣都凝霜的壞消息，於是旅行的計畫又再度掙扎了。醫院走廊上，我裝扮個輕鬆的面具，再三向媽保證會照顧自己，但其實也沒把握我能擠出多少的安慰成分。

計畫還在孕育之時，天真的不知道未來會追趕不上變化，那段時間裡接連的發生許多事，我已經記不清被現實恐嚇過幾次，放棄的意念在心底徘徊過幾次。咬緊牙，我從中山北路上催油門，距離出發剩不到七小時，行李才塞了一半，外婆迷離的表情卻在每個路口的電視牆重播。回到家後，我在批踢踢的個人版感慨的寫：

人生中充滿這麼多人事物的變化、離開、消逝、褪色、轉折，若不努力保存最美好的畫面，怎麼可能承受的住這麼多悲傷呢？

Jul 21 01：08：44 2009

寫在旅行後

從中亞回到台灣後不久，外婆過世了，她人生的旅行，和我的旅行同樣值得被永遠的紀念著。

新疆喀納斯

拂向沙漠的海風。

上海灘的現代Ｊ
華（同學yoway提供

上海

Shanghai

　　飛機即將在日出後的兩小時內,從松山機場起航,但我卻低估了打包的進度,又誤以為自己能展現效率,結果卻完全相反,導致天亮前很長的一段時間,我陷入和攤開面前的行李苦戰,憑著想像力猜測哪些是該被歸類在必需品。在凌晨的最後一刻鐘前,好友浩中送來一枚玉珮護身符,說貔貅嗜吃,只進不出盡吞災厄,典故

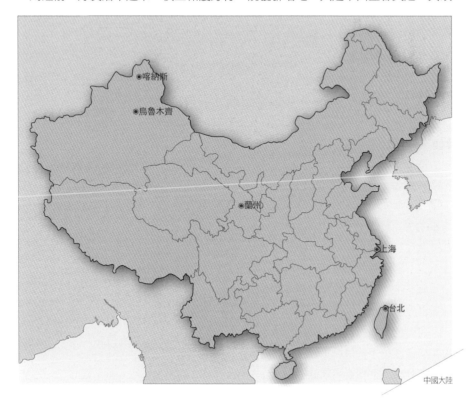

中國大陸

説佩帶時具有逢凶化吉的妙用。等到地平線點亮，我疲憊的把鼓脹飽滿的背包疊上身，學姊已在機場大廳等著送機，帶來給我的是簡便的急救包和感冒藥。

我斷斷續續的恍惚，但廣播傳來登機門開啟的那刻，我立刻意識到旅行就像前往另一個世界般的不實際，往常的平安溫飽，在那個彼端什麼都沒剩下了。

到這步為止，我近乎無情的克服所有阻礙，毅然的朝目標一步步邁進，沒有懷疑；但祝福的情誼卻數次在身後喚著我的名字，我頻頻回頭、揮手、對下一步莫名的開始猶豫，寂寞透過牆壁，在心海凝結成一塊一塊，原來最困難的竟是這種滋味啊！

天狗吞掉明珠

傍晚，世博會場未完工的道路到處散落髒亂和積水，許多路人帶著厭惡的神情往水坑添加一口痰，後面的腳步再踐踏過去。他們的煩躁並非沒來由，烏雲霸道的占據整片江南天空，灰色細雨迷濛了視線，看出去像是播映著發霉的黑白幻燈片，溼氣漂浮於城市的裡外無處不在，卻有種很適合上海的陰霾、沉重的壓力；還有似乎無止盡的人潮，隨著我搭公車、轉捷運、走斑馬線，黏上鞋跟似的怎麼甩也甩不落。

我擠過人潮，移動每一步都艱辛，很沮喪的走進展區的陸家嘴世紀酒店，櫃台前匆匆報上大學同學的名字，服務生核對無誤後便把鑰匙遞交給我。進了房門，我才終於得以卸下沉甸甸的重擔，昏睡在潔淨的被單上。

沒過多久，我三位同學也從台灣來會合，開始我們在上海的畢業旅行。

日全蝕

2009年7月22日的日全蝕，是本世紀規模最大的天文活動，持續時間長達6分38秒，全蝕範圍蔓延長江流域，從武漢到上海，涵蓋人口也是本世紀最多的。由於天狗食日的異象300年才發生在中國大陸一次，倍受民眾矚目，連續幾天的電視台都熱烈討論著，主要的觀測點早在幾年前就被世界各地的天文迷預定了。

日全蝕是我們在上海的主要理由，這天都起了個早、搭地鐵、沿著懷舊的街區來到黃浦江畔，上海

上海街景
（同學sduck提供）

灘就像是電影裡略帶古意和所謂舊時尚的
洋房。在舊樓的門楣，我看見銅製招牌清
晰刻的是商行，彷彿宣示它的資歷。

日全蝕如
夜之景

　　細雨一整夜，十幾道人群匯集的
細流，斷斷續續的從上海灘街道湧出，
在外灘漾出一整片的汪洋，滿溢希望的
目光，全都對準了濃稠化不開的暗灰色
雲彩，熱衷的像是虔誠期盼著撥雲見日
奇蹟的信眾。我們四人陸續從視線下走
過，最終在轉角一間時髦服裝店的屋簷
加入他們，也抬頭凝視烏雲，不放過天
空瞬間的變幻。

　　上午9點35分，有人來熄滅旋鈕式
檯燈，每一節奏都清楚明快的逼近黑
暗，從察覺算起也才不到五分鐘，各種
層次的灰已調和成了烏黑色。

我們在月影之
下（同學yoway提供）

　　不遠處爆出驚喜的呼聲，颳起一片
騷動。上海灘大鐘樓的背光早已經調亮，隔著黃浦江，浦東大廈上的花旗銀行標
語，和附近的廣告看板切換成霓虹閃爍。為了避免晝夜錯亂帶來了災難，據說動物
園和機場都事先調整過夜間模式，因為異象在一瞬間來的突然，整座城市都被納入
夜之后的世界，是個熱鬧、貨真價實的夜晚。

　　天狗來了！

　　當天空又再褪回惆悵的灰白，我們眨眨眼，好像集體有了個錯亂的幻覺，天空
依舊很混沌，有幾塊厚積雲殘留被雨水沖刷過的深灰色。剛才驚心動魄的演出是謝幕
了，儘管日全蝕泡在雲裡，但周遭仍有些許高亢的興奮談論，與我們退進了巷道。

上海

　　上海，是中國人口最多、經濟活動最頻繁的城市，面積有五分之一的台灣大，
居民卻幾乎逼近台灣總人數，這些年茁壯成亞洲的經貿中心。2010年首次由中國舉辦
的世界博覽會就在上海，據說吸引七千多萬人次參加，是史上的最大規模。

　　上海交通的混亂常令我們困惑，似乎紅綠燈僅止於參考。前往豫園的途中，同
學打趣說，紅綠燈最大的差別，就在於綠燈車輛可以對那些闖紅燈的狂按喇叭。聽

豫園（同學
Oonagh提供）

老茶館砌茶
（同學yoway
提供）

茶館窗外（同
學yoway提供）

説為了世博的國際形象，已經宣導又宣導，隨地吐痰仍是大有人在。

　　搗亂了日全蝕不夠，陰霾亦步亦趨的隨我們逛外灘、有古典風韻的豫園、暗藏逸趣的筷子店、大排長龍終究無緣的南翔包子、在雜貨店驚豔於王老吉意外的好喝。我們冒雨遊盪，最後在老上海茶館砌壺熱茶，茶館內陳列早期的上海影劇中常見的梳妝台，旁邊擱一本留言本，蒐集了來自世界各地旅客的心得，我們也落筆感觸。

　　雨停歇，我和同學分離，在表舅家隨著上海的起居而作息。上海就像好幾個台北鬧街東拼西湊組裝的，即使表舅家在很偏僻的郊區，也有西門町那樣的商圈，隨處都可以為排隊麥當勞、或為搶購電影票而萬頭鑽動。

寫在開始前，上海篇

　　我的大學同學早我三天離開上海，目標西湖繼續他們吃喝的胖子行程。那晚我前往火車南站餞行，南站外型橢圓的和咱們學校體育館幾分相似，內部環狀大廳就像籃球球場，列車即將進站，觀眾席的旅客走進球場的十幾個月台。在車站底下，我們用過晚餐後即將分道揚鑣，説到我將獨自流浪、走過大漠，他們臉上都不掩飾寫著安心上路。

　　在上海的最後幾天，我幾乎窩在表舅家上網，偶而也只在購買裝備時才出門，連台灣的朋友都忍不住説我宅到大陸了。

上海火車站
黑白照（同學
yoway提供）

踏上絲路

　　離開江南的第一站是絲綢之路的起點。蘭州市同時也是甘肅省省會，往西去就是直通新疆的路，自從和表舅一別後，就大有西出陽關無故人的傷感。我隨路人搭公車找到火車站，抬頭看見屋脊上龍飛鳳舞的書法蘭州兩個字，在櫃台前買到臥鋪車票，在雜貨店採購兩天份的乾糧飲水，即將經歷的，是長達20小時的河西走廊。

　　武威、張掖、酒泉、敦煌、哈密、吐魯番、日落後日出。

　　我斜臥上鋪，無聊的懷念台灣。

　　乘客來來往往，夜半時下鋪的一家子走出車廂，然後有工人進來倒頭就睡，車掌似乎來查驗過票。隔天清早，車廂內只有我，欣賞窗外那些飛逝而過的連綿沙丘。

大漠封鎖區

　　烏魯木齊市舊名迪化，是新疆維吾爾自治區的省會，據說是全世界離海岸線最遠的城市，距離2,648公里（這應該視地中海也屬於海洋），直直深入亞

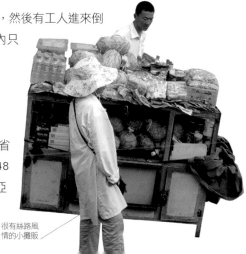

很有絲路風
情的小攤販

洲的腹地。

當我踏出烏魯木齊車站，前方彷彿是圍剿火車劫犯似的，封鎖線拉滿一層又一層，巡邏的士兵、呈防禦陣型的士兵散布在附近，還有柵欄將車站前切出不規則的區塊，想走到不遠處的右側店家，都像是走迷宮般繞過路邊小販、計程車司機，和面無表情的士兵們。我感覺像誤闖叢林，若有似無的視線浮游在附近空氣中。

這城市，正緊張著。

烏魯木齊市區

車站旁的網咖裡，老闆告訴我，75後新疆受到全面管控。手機、電話、網路，試了又試，我才明白再也不能和台灣取得聯絡，一道隱形鐵絲網就圍在外頭。

半個月前

2009年7月5日，新疆發生了震驚世界的暴動。起因是韶關旭日玩具工廠內，漢

蘭州大學校門口

絲綢之路餐車

列車行經吐魯番附近

人和維吾爾人的集體鬥毆，點燃了累積的恩怨，爆發成相互報復的惡性循環。在烏魯木齊市，據說無論漢族或維族，隨時都有可能被拖進暗巷裡虐殺。最後是中共派遣軍隊進駐新疆，強行維持表面上的和平。

多年來，中共持續將漢人遷往內地，試圖藉由民族融合和人數優勢，打壓疆獨的聲音。然而民族相處不盡如預期，無論是烏魯木齊或喀什，漢族和維族各自聚居，高牆從來就沒真正的倒下過。很多人不習慣新疆，最後又往海岸線遷徙回去。

75事件後，中共第一時間封鎖相關消息，電話和網路受到監督，並用盡手段把過錯和責任推給那些破壞合諧的人，例如維吾爾人，或《愛的十個條件》的主角：熱比婭女士。最有趣也最畸形的，全都在烏魯木齊街頭，處處懸掛著教導所謂正確觀念的標語，例如：少數民族離不開漢族、打倒三股勢力、民族團結是福。

洗腦終究是產生效果，在大陸，很少遇到能獨立判別是非的明白人。

戒嚴也帶來可怕的蕭條，當時，民眾相信封鎖會在國慶日解除。聽說後來在國際大巴札（Bazzar，突厥語的市場）又發生扎針事件，封鎖持續了一年。

半個月後

無意間闖進封鎖區，眼下難題是，旅行社到此時才完成作業，我的哈薩克LOI

國際大巴札，
維族的集散地
（Nancy提供）

路邊常見
人開的烤饟攤

（邀請函，Letter of Invitation）還躺在 e-mail信箱，雖然只是一個簡單的下載動作，卻在方圓幾百公里內都不可能發生。沒有LOI，就無法越過霍爾果斯山口，無法離開新疆。

我慌亂又無助，茫然的徘徊在車站附近，和其他流露出懷疑的眼睛互相打量。等情緒冷靜到能思考，我開始嘗試還有哪些通訊方式還沒被隔絕，計畫LOI入手的程序：

白天的五
一星光夜市

這絕對是個難題，但至少我猜想的沒錯，中共不可能切斷國內的聯絡網。

想法很簡單，但在窘困的當時卻有靈光一閃的振奮，就是把傳真當e-mail。首先，在車站左側我找到一間不起眼的複印店，抄下他們的傳真機號碼，再用國內電話聯絡上海的表舅，把號碼和LOI的資訊以傳真方式寄給他，拜託他再傳真到台灣，讓台灣的家人去開e-mail下載檔案，最後LOI沿相同路徑從台灣再傳回烏魯木齊。有趣的是，我也循同樣模式寄家書，在每天的清晨、傍晚，去複印店收我的信件。

中亞邀請函

前蘇聯國家的簽證是出了名的麻煩，哈薩克和烏茲別克也不例外。30天簽證要求先辦理LOI，5天過境簽不用LOI，但必須準備好前往鄰國的簽證和機票。

在台灣辦LOI動輒就將近萬元，中亞的旅行社會比較便宜，網路上大多數背包客都推薦Stantours這家在哈薩克的旅行社（www.stantours.com），寄e-mail給他們後

烏魯木
齊博物館

烏魯木齊之
友好百盛圓環
（Nancy提供）

會被要求填基本資料，並將LOI的費用以國際匯款的方式，匯到哈薩克。2009年哈薩克LOI的價格是70元美金、烏茲別克是35元美金，但LOI的費用似乎會常常變動。

國際匯款會扣兩層的手續費，台灣和哈薩克的銀行都搶著剝一層皮，卻沒有人知道這層皮的厚度，除非有把握算出實到的金額，不然寧可多給幾百元。我辦國際匯款的銀行有提供保證實到金額的服務，但要事先付台灣這端的手續費。

半個月左右LOI才會寄到e-mail信箱，列印出來就可以使用。

我在新疆度長假

外界得不到新疆的訊息，盡是揣測當時不穩定的烏魯木齊是怎樣的光景。但日子還是要過啊！多數居民撐在蕭條和監視下維持作息，黃昏前後，散步於社區廣場的人，似乎是擺脫了失序，我不久便融入他們失而復得的平淡生活，吃撒滿蔥花與嚼勁的西北麵條，和必備的生剝大蒜、逛凌亂的商店、偶而看電影、偶而泡在漫畫店，最後總會買串葡萄回家看連續劇。很平靜，靜的彷彿自己也歸化新疆人，靜的懷疑自己是專程來新疆度假的，直到LOI跟上我腳步的那天。

刻板印象：烏魯木齊是飄滿黃土的綠洲。

當見到肯德基和百貨公司的瞬間，這種錯覺像玻璃窗似的裂開來，烏魯木齊和其他城鎮沒什麼區別，馬路筆挺、紅綠燈忙碌、不乏有奢華的大飯店，或許就只有國際大巴札和印象相符。大巴札還在戒嚴中，路上的維吾爾人都不多加交談，我確定軍隊有看到我，裝作神經大條的走進維吾爾人經營的餐廳，迎上來的，是熱情的維族伙計。

第一次踏上哈薩克領事館階梯的那天，我緊握護照和LOI，駐足門下，看

人民公
園前廣場

恬靜的

向擠滿客廳和邊房的人群，正在躊躇下一步。身旁有人指著我的護照：「Oh！
Taiwan！」我轉頭看見手指的主人，居然是位年輕俊朗的外國帥哥，我沒來得及表
達對於他認出台灣的訝異，他看出我的疑惑，已笑著搶先回答，邊房的那群人裡
還有位來自台灣的女生。就在這天裡，在哈薩克領事館，我認識了Nancy和瑞士人
Fred。

　　他們帶我搬到麥田，是新疆生活的第二段，也是我的背包生活的開始。

哈薩克簽證

　　LOI入手，還得到哈薩克駐外領事館辦簽證，台灣人可在烏魯木齊或曼谷申
請。落地簽據說是可行的，但要先向旅行社詢問手續相關的細節。

　　搭公車在經管學院下車，哈薩克領事館位於高薪區火炬大廈的後面，像座誤蓋
在商業區裡的別墅，門口飄揚的藍白相間國旗，是它的標誌。領事館的裡外都常塞
滿排隊的群眾，進門後的客廳是領取簽證，左邊邊房裡才是申辦簽證處，只在早上
9點到11點受理簽證的申請，中午11點是領取護照時間，下午柵欄就深鎖了。

　　包括LOI、護照、台胞證等文件都需要影本，以及向領事館官員拿一份空白申請
表格填寫基本資料，最後他們會要求到指定銀行，匯入174人民幣的費用，再回領事
館繳交匯款證明單後才受理簽證作業。在烏魯木齊領事館，工作時間約一周左右。

　　領事館官員態度很差，偶而放著隊伍不顧躲到隔壁房。他們只會說俄語和口音
很模糊的英語，聽起來真像含著滷蛋説話，若有説俄語的人協助會簡單的多。

麥田裡

　　麥田裡住著來自各國的背包客，每個旅人都背負自己的故事，走向自己的旅行，因為錯綜的緣分牽引而相遇，交換資訊，豐富彼此的世界。Nancy很有心得的感慨，背包客的心像在追尋什麼而難以停泊，我一嘗到這滋味就上癮了！

　　櫃台王曉告訴我，這是麥田在今夏裡台灣人最多的日

我們在
麥田民宿

子，我和Nancy之外，還有馬大叔和說得一口流利國語的波蘭女生凱悅。馬大叔總得意的說，只有最聰明的背包客才選在特殊時期來新疆，儘管外頭傳的風聲鶴唳，在風暴中心，我們享受的卻是烏魯木齊難得的清幽，走在路上，也隨時受五步一哨的保護；聽說去年的同時間，大批的背包客湧入麥田，把房間的床和客廳的沙發都擠滿，很難想像那還有什麼樂趣可言。

　　旅人稀疏，彼此便熟悉的快。我們聊旅行、聊簽證、聊新疆、聊人生，白天各自忙碌或遊覽烏魯木齊，傍晚的餐桌旁總可以找到閒談的對象，即使我們和世界斷訊，仍確信自己在旅途中不會孤寂。有天，幾個歐洲人買來英文版的「消失的螢火蟲」播放，我們全擠在交誼廳裡，明明看過無數次的卡通，這一刻卻很有超脫現實的感覺。

神州最後的天堂

　　等待簽證的那一周，我決心不困守在烏魯木齊盼望。自從新疆旅遊業遭受75事件的重創，生意也隨之崩盤，逼近斷炊的旅行社在中央公園前搭建帳棚，廣告板上寫著四天三夜的喀納斯，住宿加上導遊、司機、門票，換算成台幣也才1,200元；但行程是標準的觀光路線，不允許我任性更改，只把旅行交給他們全權安排。

　　喀納斯行的前夜，烏魯木齊竟然飄下難得的滂沱大雨，我倚在麥田的窗檯惡補喀納斯的資料。直至入睡時分，整座城市仍在洗刷它經年累月的風沙中。

　　新疆的時區跟著北京走，日出日落向來晚的多。夜色仍濃重，我摸黑出現在中央公園的門口集合，同行三十幾人，將小巴士為數不多的座位塞個滿滿的；導遊小

魔鬼城外，風起雲湧的克拉瑪依沙漠

布爾津夕照

張是位口齒伶俐的中年人，一開口就熱情呼喊親愛的，從此冷笑話說個沒停。

布爾津

布爾津距離烏魯木齊市四、五百公里，中間是浩瀚的克拉瑪依沙漠，放眼望去是無邊際的土黃色，探油井像幾十隻土撥鼠似的在沙中規律攪動著，尋找深藏於地底下的財富；唯一的道路在沙海中若隱若現，斷斷續續，卻是唯一通往到北端的動脈，若非經驗老道的司機，恐怕也不易循著這條虛線走出沙漠。

越往北走，水氣越盛，到布爾津近郊時已擺脫了黃沙滾滾的印象，彷彿和歐化的俄羅斯城市沒兩樣，寬直的街道、色彩繽紛的公寓牆壁、裝飾精巧的庭院，這是因應喀納斯而興起的旅遊前哨站，最近十年，仗著絡繹不絕的旅客建起整排的旅館和餐廳，小張介紹說，我們的行程也都以布爾津為起點。就在市郊的五彩灣，喀納斯的下游，額爾濟斯河聲勢滔滔奔向西伯利亞的針葉林，是大陸唯一注入北極冰洋的河流。

我們聽聞了布爾津馳名的魚市，扔下行李，循著各旅行團的喧鬧聲找到烤魚攤。在菜單上點了尾黑魚，烤的熟嫩搭配啤酒，那就是新疆最獨特的風味。

維吾爾室友

我同房的室友是維吾爾人，名字是皮爾卡提，大家暱稱他小飛。小飛說，這團都是同個政府部門的員工，為了拯救慘澹經營的旅遊業，政府出錢讓他們來報名旅行社的行程，美其名員工旅遊，實際上是半強迫性的，小飛不得不留臨盆的妻子單獨在家。

小飛是個性情中人，卻再三向我強調，他和75事件的維吾爾人不同。我明白他想化解我的疑慮，大概是新疆的漢人

皮爾卡提

多少都會提防維吾爾人，就連任公職的小飛也不得倖免，他不了解我沒經歷過75的衝擊，對維吾爾的同情更甚於恐懼。除此之外，關於他們民族內對75的認知差異，我毫不陌生，八千里路外的家鄉不也如此矛盾，但台灣幸福到可以爭辯藍或綠，對於小飛，是非對錯早都被定義清楚了！

喀納斯

　　喀納斯，在圖瓦族的語言中，是指人間仙境的意思。喀納斯位於新疆最北端的阿勒泰區，列屬於5A級（最高級）旅遊區，被評選為中國最美的五大湖之一。告示牌隨時提醒遊客：天堂很遠，喀納斯很近，以及類似的標語都令人印象深刻。

　　據推測喀納斯湖是20萬年前的冰川運動所切砌成形，湖成月牙狀狹長，長度24公里，平均寬度卻只有2公里，湖水北進南出，水深超過100公尺。大陸上盛傳喀納斯湖裡有水怪，神祕的傳說總是迷人，儘管科學家認為所謂的水怪可能只是某種大紅魚，每年仍有民眾前仆後繼的宣稱看到不明生物，其中多半穿鑿附會。

月龍步道

　　小張神祕兮兮的湊過來，指著月亮灣下方，那裡被如茵綠草和樹蔭遮個徹底，說有條小徑會接往臥龍灣，還強調是導遊私房，但這樣的稱呼正對了我胃口。

喀納斯河沿岸

月亮灣，
傳說中成吉
思汗的腳印

走下月亮灣旁的Z字型階梯，看整座湖灣逐漸躺平，最後貼靠我的腳邊，幾位團員見我失了蹤影，也跟著下溪谷。溪谷內的湍流或對岸的針葉林，都極像是西伯利亞運來這，綠的既生動，既夢幻，卻無處不在的圍繞我。有一個清澈的彎道聚了不少魚群，團員中的爸爸和男孩隨即捲起褲管，涉進仙境的水中，其實相對於吐痰或堆垃圾的遊客，他們算無傷大雅了，只是照這種破壞的速度，喀納斯還能美多久呢？

喀納斯的夜

喀納斯的那晚是在風景區的飯店裡度過，大概旅行團都有著相同想法。日落前，飯店附近的導遊吆喝聲四起，團體整批進出，擁擠的要盤炒麵都很艱難。

小張回來告訴我們，住宿都滿了，得另外找地方過夜。我是不意外便宜旅行團堪憂的品質，但其他團員習慣的逆來順受更令我感到訝異。最後，我們住進別團剩下的基本房，沒有衛浴設備倒是罷了，在入夜動輒十度以下的低溫中掬起冰水，凍結手指每吋關節和神經，很受傷，我們決定盡早入睡，讓這難熬的夜就此離去。

在喀納斯新鮮的早晨，本團額外清醒，看最後一團遮掩湖面的山嵐飄進山谷。

圖瓦人村

圖瓦族原屬於突厥語系，有人認為他們是非常古老的種族，起源已無法追溯。於漫長的歷史中，曾擁有過不同的稱呼，先後被突厥和蒙古等外族同化，因此延伸出文化各異的分支，如今一部分聚居在俄羅斯伊爾庫次克州，被稱為唐努烏梁海，較接近哈薩克族；而在中國，喀納斯的圖

步道彼岸

本團團員
在神仙灣嬉
戲，中間是我

臥龍灣，
牙舞爪的沙

喀納斯一片晨曦

瓦族受蒙古人的影響較深。

　　大陸上則相信圖瓦族是蒙古後裔的分支，在蒙古席捲歐亞的年代，被遺忘於喀納斯的深山，一直於仙境過著避世的日子，不被這千百年的世間動盪所影響，直到近幾年歐洲探險家找到桃花源途徑，敲開他們的隱居，漁人終於回到樂園。

　　這狹義的圖瓦族總人數不足兩千人，全集中在喀納斯河流域沿岸，包括禾木村和白哈巴。他們居住的是蒙古包，從進門那刻就遵循傳統的規矩，踏門檻的一定要是右腳；廳堂中間常供奉成吉思汗；和阡陌交通、雞犬相聞的桃花源不同，自古而來圖瓦族以狩獵為生，為了冬天能在雪地上奔走，很早就使用手工製作的滑雪板，用的武器是比人還高的巨大弓箭；弓是吃飯工具，也是圖瓦人的自尊，跨坐在弓上同樣是禁忌。據說近幾年大陸對圖瓦族可謂是保護有加，族人逐漸捨棄剽悍的作風，沿山坡地改事農耕，開放起居引入觀光客，打獵倒是成為副業或娛樂了。

　　圖瓦語獨樹一格，發音並不困難，但僅口耳相傳而無文字記載，和他們的民族同樣被保護著。圖瓦音樂更是舉世無雙，族人擁有獨特的唱功，還能吹奏有如彈簧震動般聲響的簧舌片，這是種需要緊密咬合的樂器，技術差的人可能會崩壞自己的牙齒。小張告訴我，兩年前，有個圖瓦人在大陸版星光大道綻放異彩，一時全國都知曉新疆有個圖瓦族，這位歌手隨後走進帳棚，奏起樂器，為我們展現絕世技藝和優美音符。

喀納斯湖畔

圖瓦兩小無猜

牧童與牛，
我最喜愛的照
片之一

喀納斯湖

　　泛舟的終點鄰近一座滿布牛糞的草原，我小心地走向草原唯一的建築物。鞳鞳
聲遠道而來，響過我身旁，兩名騎在駝峰的男人回過頭，對我點頭、微笑，帶有明顯
和觀光客不同的自然氣息，駱駝邁開常人的三四步巡去，就像是這片土地的侍衛。

　　草原正中間，傲立一座孤單的敖包。敖包是蒙古人遺留的傳統，以石頭和木材
堆積起路標或界標，但逐漸演化成祭祀的媒介，圖瓦村莊常會建起這種七彩的土堆。

　　新疆人對泛舟的憧憬，大概和台灣人對雪景一樣，來自於先天環境裡原本就
欠缺的一環，或者，尤有甚之。在上游的喀納斯湖畔，泛舟起點聚集了最多的旅行
團，分梯次穿救生衣、講解、到湖邊登船，更多團在地上枯等，這一等，就是幾小
時，真是瘋了，我這樣子想著；想當然我拒絕和團員一起泛舟時，他們都認為我浪
費了。

　　我轉向司機大哥詢問步道的位置，找到另一處聚集遊客的碼頭，他們也熱衷的正等著下一批搭遊艇遊湖，為那根本不可能現身的水怪而瘋狂，順帶觀賞兩名馴鷹人讓猛禽停在套有保護皮的手臂上，撲擊、折返、鼓掌叫好。碼頭再過去，就不見其他遊客的蹤影，我閒適的走在平穩的高架木板上，為這美好的路線感動。

　　左邊波光粼粼的喀納斯湖捲起細碎的浪潮，拍打在狹窄的沙灘，或錯長於水岸的樹幹上；右邊是繁密，卻明亮清澈的叢林，幾株年邁的樹木被海浪侵蝕後傾倒，根部掀起一堵壯觀的牆壁。林蔭深處，我驚喜的遇見圖瓦族小孩在湖邊梳洗頭髮，渾然融入最原始的仙境，光是沿湖邊走幾小時，就不枉千里迢迢的來到，這北疆的北疆。

再度回到麥田

　　回到烏魯木齊的那晚，我買了羊蹄子、羊肉饢和涼粉，慶賀又見到麥田這個家，還吃過幾顆背包客Mark帶的大麻種子。聽他說大麻種子的營養價值高，有些人把它當維他命吃，嘗起來倒像綠豆，我很懷疑他是怎麼進出各國海關的。

　　也不知道是吃壞了什麼，第二天渾身發寒，連吞好幾包學姐的藥都不見效，昏睡一整天。傍晚時Nancy和王曉看我臉色蒼白，覺得我快要掛了，連忙帶我去麥田

附近的中醫醫院掛急診。一連串檢驗後，醫生最後說是急性腸胃炎，要打幾小時的消炎針。醫藥費收台幣兩千元，沒有健保卡，聽說大陸人也不輕易上醫院去破財。

當晚都躺在病床看點滴緩緩流動，Nancy抱本書在旁邊陪我聊天，直到半夜出院。

麥田是
我在新疆的家

這幾天Fred和Mark陸續的離開烏魯木齊，麥田又更冷清了。一個晴朗的午後，我教Nancy和王曉折動物造型氣球，用鮮豔繽紛的彩色堆出派對氣氛，是我們為自己舉辦的派對。在新疆的日子正倒數計時，我卻不願面對旅行遲早要開回軌道的現實。

告別麥田的最後，我和新疆好友們離情依依。王曉感慨的說，大概是這輩子最後一次的見面了，我一時語塞，明白多少是事實，卻想不到什麼詞句有安慰的意義。她送我到樓梯旁，我轉身看見麥田的回憶，離別的難過又一次狠狠的痛擊心情。先前還在為新疆的封閉苦惱，轉眼卻又沉重的踏出下一步，難道灑脫也是背包客的課題嗎？

但牆上留言：麥田是我在新疆的家，記載在這年盛夏，我們曾經相聚的證明。

旅行筆記

- 小三通，是我能想到最省錢的單程旅遊方式。由於台灣到上海的機票一萬起跳，而走小三通到廈門的套票是三千元，接著搭南方航空飛抵上海，可以買兩千到五千元的廉價機票，很便宜，但會耗上可觀的精神和時間。

- 大陸的物價差異大，上海約和台灣相當，烏魯木齊卻不足台灣的一半，平常每餐的消費約在台幣20到30元。

- 持台胞證可以直接在大陸看病或開銀行帳戶。若要買廉價機票，可能要先開戶，再跟銀行要電子付費裝置（一種USB），即使回台灣後也能轉帳訂攜程網機票。

- 麥田在紅山公車站附近，友好百盛旁，地址是烏魯木齊市友好南路726號，四人房住宿200元，有自助洗衣等服務。

- 風景區內泛舟、遊艇、觀魚亭、圖瓦人村，都不算在門票裡。理論上一天可走完主要景點，從容的欣賞需要兩天以上，周遭還有更原始的禾木村和白哈巴。喀納斯風景區內有定時往返的交通車，在各景點都設有站牌。

插曲：百寶袋

　　最初是為了增添旅行的趣味，出國前夜，考慮了許多自以為能和當地人互動的
小道具，結果沒失望的，也確實讓過程生色。是後來Nancy告訴我，她和王曉常覺
得我的背包像小叮噹的那只口袋，塞滿令人意想不到的法寶。我離開新疆後，每看
到我堆放在麥田的造型氣球，仍會想起旅行中永遠不會再重來的邂逅。

造型氣球

　　動物造型氣球是好友建宏提供的點
子，我帶滿兩大袋的氣球、一具隨身攜
帶的小打氣桶、一本名為《氣球造型百
寶箱》的書。我很肯定，造型氣球是最
有用處的，在中亞，常有一大群孩童興
奮的纏住我，盼望我將下隻小狗放入他
們懷裡。

　　這次旅行前，我壓根沒想過要學折

在新疆第一次的
作品，很成功！

氣球，總以為氣球小狗似乎是街頭藝人或魔術社的看家本領。然而在等待LOI的那幾晚，閒著也悶著，我照著書揣摩折氣球時的手感，才發覺原來還挺有意思的。進中亞前我記熟幾種兼具簡單和可愛的造型，其後的漫長旅程中，隨手就能變出小狗、小兔、小老鼠，也發生很多段互動的小故事。

桌上遊戲

那年夏天，台灣的桌上遊戲風潮才正開始，我會玩的只有BANG！這一款由扮演警長、副警長、歹徒和叛徒的陣營相互廝殺的遊戲。在上海、新疆和烏茲別克我都曾帶過桌遊，反而是最對新疆人的興趣，在行經沙漠的車廂內就打了一整個下午。

畫冊

旅行前，語言障礙就困擾著我，擔憂在英語失效的中亞各國，或許會碰上非得要溝通的狀況。甚至請來俄文系朋友幫我補點單字，囫圇硬背幾句應付。

幾個單字當然是不夠用的，幸虧先在上海買本中俄對照的旅遊手冊，在烏魯木齊找到蠟

圖畫買車票：阿拉木圖到突厥斯坦的車票一張

筆和畫冊。對於繪畫，我確實不拿手，但對於畫圖說故事卻很躍躍欲試。但怎麼也想不到，畫冊最後在哈薩克邊境卻產生關鍵性的作用。

毛筆

中國文字的藝術，在毛筆下表達的更加淋漓盡致。這本來是個題字贈人的想法，只是我不可能把硯台和墨水都揹在身上，所以替代性的帶支毫筆，一種筆尖比原子筆大不了多少的簡易毛筆，我也比較有信心寫好字。

大師的字跡，他是用毛筆在陶瓷上作畫的高手

只是後來烏茲別克的陶藝大師用它在我的畫冊上題字，從此噴墨不止。

CHAPTER TWO

哈薩克

Kazakhstan

伊黎河畔。

天山之下，

阿拉木匯
堡，其實是
市區的銀行

哈薩克斯坦

Kazakhstan

　　哈薩克斯坦（Kazakhstan），全世界的第九大國，也是最大的內陸國，面積約相當於75個台灣。原屬前蘇聯共和國的成員，在西元1991年蘇聯解體後宣布獨立，首都是阿斯塔納（Astana）。

　　數千年的歲月裡，奔馳在哈薩克草原的都是歷代被中國視為外患的部族，漢朝的匈奴、唐朝的突厥、宋朝的契丹，其後落入蒙古人的掌控。哈薩克族是被突厥族所同化的蒙古人，他們現身的時間點是個未知：有人說，是漫長的民族融合後，這

蘇　俄

阿斯塔納

哈　薩　克

巴爾喀什湖

鹹海

突厥斯坦

阿拉木圖

烏茲別克

中　國

希姆肯特

比什凱克

塔什干　吉爾吉斯

裏

海

哈薩克全圖

片草原上的原住民；也有一說，十五世紀北方的蒙古部族內亂，往南遷的血脈成為烏茲別克族，留在北方草原的族人繼承蒙古的習性，延續逐水草而居的遊牧，全盛時幾乎把西伯利亞都納入了他們的畜牧區，他們就是哈薩克族。哈薩克，突厥語中的自由騎士。

長久的遊牧天下，部族和盜匪四處征戰，哈薩克族沒建立起深度的文化，19世紀俄國占領中亞後，直接承受西方的現代化，騎士的習性也逐漸消褪在城市裡。

隨著世界大戰的爆發，史達林於1926年開始在中亞實施共產化和處女地計畫，哈薩克更首當其衝。計畫的內容包括：強制終結全世界最大遊牧民族的無盡流浪，改事農耕共產共有；大量歐洲囚犯被送進哈薩克勞改，又大量兵力被送上前線，反抗部族遭整村屠殺；影響最深遠的，莫過於引鹹海灌溉棉花，造成史上最慘的人為生態災難，天候劇變，大片的草原化為沙漠。短短十年間，哈薩克少了200萬人，超過20萬難民流亡到新疆。兩次世界大戰從未延燒到中亞，卻要求他們付同等的代價。

蘇聯解體後，隨裏海油田和天然氣的開發，哈薩克在經濟上維持卓越的成長，是世界前20大的產油國，建有油管直接供應大陸和俄羅斯所需；同時也是世界的糧倉，麵粉出口量世界第一，幾乎有五分之一的麵粉來自哈薩克。

從新疆開始

在碾子溝附近最熱鬧的街區，烏魯木齊的巴士總站有不歇息的車流，發出往新疆各城市的班車，就像台北的京站廣場。面對總站的左邊第一條巷道，巷內就是國際長途巴士站，在這邊搭車視同於出國，檢查簽證和掃描行李的手續一樣也沒少。中國和哈薩克兩國間存在一層淡淡的時差，過邊境後，身上的鐘錶都同時向前跨一小步。

巴士上25小時，唯一能忙的就是不斷被車輪的節奏催眠，或相反的被震醒。

擠滿雙人床的巴士

荒野

霍爾果斯關
卡附近的
街道

郊區

霍爾果斯
曙光

　　我的下鋪是個相貌不好惹的大叔，滿車的西洋面孔中唯一的大陸人，為了爭取點可能的照應，我壯著膽試圖去攀談。大叔是精通俄語的生意人，扛著兩箱我從沒敢過問的貨物，往來新疆和哈薩克，尤其對於國際巴士很有經驗的樣子。我猜大叔大概認為我的旅行太異想天開吧！所以才常用同情的眼神看著我。

　　霍爾果斯山口（霍城）是大陸進出哈薩克最主要的通道，也是西境重要的門戶。從市集到邊境還有段距離，外地人吃完早餐，都陸續走上同方向，大叔帶我坐上嘟嘟車，他掏出3塊人民幣付給司機，不出五分鐘就見到邊境。

　　關卡前正熱鬧著呢！每個人都拎著行李想早點通過。我看見人群中有個金髮微胖的大嬸，塞幾張鈔票給旁邊看戲的當地年輕人，那小伙子立刻扛起大嬸的行李，衝撞進擁擠的人群，為大嬸殺出一條不可能的血路。喔？還有這種賺錢生意！

　　若資料完整，通過兩側邊境不應該是太刁難的事。中國這一側的出境大廳把旅客區分成本國人和外國人兩排，儘管大叔要我跟緊他，但由於某種的民族認知使然，我混進外國人的隊伍裡，被邊境官員揪出來，帶到第三排去優先通關。

　　穿越荒涼的大草原，心煩意亂之際，巴士總算停在阿拉木圖（Almaty）的市郊。

語言

　　在中亞，俄語和各地方言是通用語，中英文幾乎無用武之地。但不會俄文也不

致束手無策，至少我就認識好幾個不會説俄文的背包客。

俄文的獨特，在於每個字母都像英文的音標，所以即便不明白單字的意思，但就是可以讀出發音。很多情況下發音能解決問題，比方路名或地名就常會是俄語拼音，念出聲來不僅有助於認路，也方便問路，看menu點菜時可能因此讀懂某些名詞。

匯兌

霍城市就有兌換貨幣的小販，2009年為1美元（USD）兌換150堅戈（Tin），鈔票上印的正是阿斯塔納的地標，代表哈薩克的建築：世界之樹。在阿拉木圖，街上到處都有貨幣兌換商，店門口黑底白字的看板，隨時更新他們的匯率。

邂逅阿拉木圖

阿拉木圖是哈薩克斯坦最大的城市，又別名蘋果之父，從1929年蘇聯統治時就一直是哈薩克共和國的首府，直到1998年阿斯塔納取代首都的地位。

在20世紀70年代，阿拉木圖修建了大批後蘇聯風格的建築，整個市中心彷彿是從東歐搬運過來的，東正教教堂、雕飾精美的公園、單調穩重的公寓等；西元1991年獨立國家國協的簽署會議就在阿拉木圖舉行，中亞5國隨後宣布為獨立國協成員。

走下巴士的階梯，我還沒舒展僵硬的筋骨，大叔已經將

阿拉木圖市區

阿拉木圖火車站
Rayymbek Ave
Pushkin
中央清真寺
大巴札
Zhibek Zholy
絲綢之路商城
烏茲別克領事館
潘菲洛夫公園
Qazybek
Furmanov
Dostyk
移民警察局
Kok-Tobe 纜車
Baytursynuly
第三宿舍
Satpaev
共和廣場

阿拉木圖輕軌電車（Mark提供）

第三宿舍的外觀

行李扔上一台計程車，説我可以搭他便車，隨後便開入阿拉木圖市。半小時後，我們先到大叔家，有個婦人和兩名女童正在門口等著，我看見大叔嚴肅的臉孔，好像終於學會了笑容。

眼見大叔一家子走進公寓的背影，那一刻湧出複雜的感觸，一種是無法停泊的飄零感，想起家已是遙遠、陌生的名詞，當我揹上背包，就相當於帶著家在流浪；但更急迫的是，終究要開始在這滿布俄文的都市中，堅毅的寂寞生活，我忽然好懷念新疆，在新疆至少還有共同的語言，現在只能和自己對話，無助感令我顫慄，和警覺。

天色完全暗下來後，計程車載我到一條巷道裡，這是我在阿拉木圖的住處。櫃台大媽們同樣不懂英語，溝通很久，她只丟給我一把鑰匙和一套床單，我疲累的爬上三樓、推開房門，只看到Fred靠在窗邊，爽朗的丟給我——你終於來了——的神情。

「Thanks God！」我鬆口氣，放鬆的電流瞬間就竄過全身神經，Fred開懷大笑。

我們在第三宿舍

很多事需要重新去適應，例如天山左右兩側不一致的物價，尤其像麥田那樣的住宿，在阿拉木圖絕了跡。第三宿舍（The Third Dormitory）位於城南的邊角，有些哈薩克家庭乾脆當起長期房客，二樓像個迷你社區，常有小孩在樓梯口捉迷藏。

同房的除了Fred，隔壁床是位香港人，他滄桑的面容上掛副頑皮的粗框眼鏡，卻沒有不相稱的怪異，Fred都稱呼他Lee。Lee説他的職業是老師，教的是文化和藝術，因此在旅行的過程也同時收集各國的資料與照片，Fred偷偷告訴我，他床邊那箱行李是課本和參考書籍。不難看出李老師滿懷熱情，以及超越年紀、周遊世界的幹勁，談到帝國主義的霸道和瓶裝水浪費的資源，會毫不客氣的批評。我想像他站在講桌前口沫橫飛説著理念，播放旅行的紀錄，應是那種學生搶著加簽的課吧！

Nancy叮嚀過我，我有可能會在阿拉木圖遇到Mark，於是我畫了張慘不忍睹的尋人啟示，擱在第三宿舍的櫃台上，囉唆的大媽居然任由我胡鬧。但Mark根本就錯過那張畫，卻也有默契的在兩天後住進同一間房，給我和Fred一個大驚喜。

Fred（左）、我（中）、李老師（右）

第三宿舍的小孩常來纏我要氣球

之後每天早晨，房門口總是少不了我們party後的空酒瓶。

關於Mark

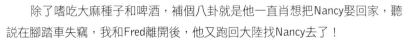

Mark，和我畫的尋人啟事

Mark是個三十多歲的英國佬，他的旅行本來是從北京騎單車回到倫敦，結果在阿拉木圖的某天早晨，他探出窗外後慘叫一聲，驚醒我、Lee和Fred。接著看他從樓下帶回腳踏車上鏈鎖的殘骸，單車橫越歐亞的旅程在我們眼前畫下了句點。

除了嗜吃大麻種子和啤酒，補個八卦就是他一直肖想把Nancy娶回家，聽說在腳踏車失竊，我和Fred離開後，他又跑回大陸找Nancy去了！

背包食譜

物價高，在阿拉木圖連吃空氣果腹都要錢，對背包客很吃不消。剛開始幾天，我和室友們試著靠吐司、果醬和起司果腹，隔壁女生房每晚烹飪各種通心粉，殘酷的讓男生口水滿地。其實只要多觀察當地人，還是有一些便宜的道地美食。

有一種玉米皮捲餅裹著烤肉拌豌豆，以及紅蘿蔔絲、黃瓜、洋蔥和炸馬鈴薯，味道類似肯德基的墨西哥牛肉捲，便宜又健康，幾乎是我在阿拉木圖的主食。

女孩與炸餅

往Kok-Tobe纜車方向，街道右緣有一間學生餐廳，自助式的，我吃過馬鈴薯雜燴湯，以及甜椒包著碎肉的哈薩克菜；各式炸餅也相當美味，橢圓形包的是馬鈴薯泥，三角形裡面是香噴噴的起司；還有種選擇是supermarket，有些兼營熟食，煮好的菜餚或便當可供選擇，但即使罐裝或瓶裝食物，它的標價仍有可能是單位而非總價。

點菜也不能用英文，我試過拿菜單隨機亂點、也試過把別人的桌子當menu。其實旅行了一段日子，常見的

巴札常有的路邊攤

塗鴉市容

食物都叫的出名，Plov是抓飯、Lagmen是乾麵、Shorpa是雜燴湯、Shashlyk是烤肉等，這些單字在烏茲別克也非常好用。

蘋果城漫遊

　　阿拉木圖的第一天，我步出第三宿舍，想穿越馬路到對街的共和廣場，腳才剛靠近路邊，一台小客車就在對向車道上急煞，停在那頭。等到駕駛對我揮了揮手，我看懂他是要我盡快通過，這的確太詭異，我連忙跑向街道的彼端。

　　也許在大陸習慣了違反常理的交通，來到這座紳士的城市，難免會受寵若驚。阿拉木圖居民在交通禮貌拿個滿分，客氣到讓人不忍在斑馬線逗留的太久。

Kok-Tobe纜車

　　纜車起點在第三宿舍附近的街道旁，鄰近阿拜的雕像。阿拜‧庫南巴耶夫（Abay Qunanbayuli）是19世紀的詩聖，作品頗受爭議，但在哈薩克有極崇高的地位。

　　票價分為單程和來回，單程800Tin，終點另有小巴士載客下山，或選擇健行半

青翠欲滴
的蘋果城

阿拜像

天山前
的電信塔

小時的下坡，山腳也有班車返回纜車起點那站。爬山中途，看得見腳下景物的變化，獨立那些年，大批北方莽野的農民遷徙來阿拉木圖周邊的移民區，現下這些破舊的屋簷連綿亂搭成一整片，看過去像眷村村落，卻沒見著半個居民的身影。

終點站是阿拉木圖最佳的瞭望台，遠眺到地平線蓋過來的市景，而後面那排壓迫感十足的山脈就是天山西翼，隔著天山則是吉爾吉斯和它著名的伊賽克湖。瞭望台旁有個遊樂場，包括遊樂設施、動物園、高級餐廳和幾家繽紛的紀念品攤。

潘菲洛夫公園

但最出名的地標還是潘菲洛夫（Panfilov）公園，裡面東正教的澤恩科夫（Zenkov）教堂，又稱聖母升天大教堂，是最能代表阿拉木圖的建築。

11世紀時，基督教分離為天主教和正教會，後來1453那年君士坦丁堡被鄂圖曼帝國攻破，正教會認為他們繼承拜占庭正宗，於焉成立東正教，有他們的主教，多年來一直和梵蒂岡分庭抗禮著。蘇聯統治中亞的多年間，也把東正教從歐陸導進中亞，固然難以撼動伊斯蘭教在中亞的強勢，但終究播撒下一些種子。或許是哈薩克族遊牧天性，宗教信仰較多元自由，除了伊斯蘭和東正教，還有少數天主教和佛教從事宗教活動。

潘菲洛夫廣場婚禮

十二生肖公園，猜猜這是哪個生肖？

潘菲洛夫公園的另一處地標

戰地英
雄公園

澤恩科夫
教堂，側面
（Mark提供）

澤恩科夫教
堂，正面

聖尼古拉
大教堂

西元1911年，天山下一次毀滅性的大地震夷平阿拉木圖，當時全城僅存的建築就是澤恩科夫教堂。澤恩科夫教堂建於1904年，高56公尺，整棟教堂包含牆上的釘子，全由木頭建造而成，東正教工藝的精湛確實令人訝異。

潘菲洛夫公園是為了紀念1941年二次大戰於莫斯科保衛戰時，因抗拒德國而犧牲的潘菲洛夫軍團二十八位步槍兵，其中有十人來自阿拉木圖，一團象徵和平的不滅火焰就在廣場。我和Mark環顧四周，居然同時有五對新人在親友祝賀下結連理，據說來潘菲洛夫公園結婚已是阿拉木圖人的習俗。我們興奮的忙抓起相機，瞄準甜蜜的畫面，忽然腳底一滑，我竟拾起了一枚擊發過的子彈殼，只見Mark滿臉的驚恐。

還有許多別緻的公園，穿插在阿拉木圖公寓間，蘋果城也顯得更翠綠。

哈薩克巴札

沒走過Zelyony巴札，會誤認為阿拉木圖就僅是座仿東歐的城市；被夾在中間的絲綢之路商店街，則過度的融合兩種風格，以活潑的姿態展現它多樣的繁榮。

路邊攤必定在某些程度反應著當地文化，或至少是特色，這也逐漸成為我的旅行心得。巴札區附近，有好幾攤在地上放台體

聖尼古拉
教堂內部

中央清真寺

絲綢之
商店街

重機，出售的是幫你測量體重；有老婦人叫賣用飲料杯裝的藍莓，或紅蘿蔔或芹菜梗；簡陋的二手攤包圍巴札，他們有灰撲撲的太陽眼鏡、鍋碗瓢盆或鏡子，但路旁閒晃了太多哈薩克人，我從不逗留的過於猖狂。

　　清真寺和巴札也脫不了關係，中央清真寺位在巴札後街，建於1999年，是全哈薩克最大的清真寺，上千名信徒禮拜也不成問題。我脫鞋踩在大片的地毯，幾位穆斯林或坐或臥，面朝象徵麥加的一堵牆壁，遙遙的禱念著。

　　即便如此的趣味，巴札區的安全仍令人擔憂，我和Mark遇過個流氓，先邀Mark喝飲料，再攔著我借錢，Mark不只一次的懷疑那流氓和偷車賊是同夥的。

阿拉桑浴室

　　阿拉桑浴室（Arasan Bath）是中亞最大的公共浴室，洗澡大約275台幣，其實它是一間超大的三溫暖，冷水池簡直和游泳池沒兩樣。有次第三宿舍停水，我和室友就跑來洗澡。中亞蒸汽浴有股很獨特的味道，不知道是用什麼當薪柴，烤完後會殘留一點略焦的香味，當地人喜歡拿一捆橡樹枝拍打身體，據說是有益血液循環。

　　裡頭都是全裸的喔！被肥胖又毛茸茸的哈薩克人包圍，也是難得的經驗（笑）。

天山漫步

　　遊客或許是為了天山山脈而來的，尤其橫跨天山往吉爾吉斯的路線。但若沒那種翻山越嶺的雅致，市郊仍有兩處山谷能夠健行，其中一座擁有世界級的滑冰場，

麥迪奧
滑冰場

另外一座途經冰川、湖泊與隘口，難度高，室友Fred卻相當的讚不絕口。

　　在纜車起點站搭6路公車會直達麥迪奧（Medeu）滑冰場，麥迪奧海拔1,700公尺，溫度明顯的比市區涼上一些。溜冰場設備極完善，選手們曾在此締造過數十項滑冰的世界記錄，阿拉木圖市以此主辦了2011年的亞洲冬季運動會，打開麥迪奧的知名度。

　　麥迪奧上方有座巨大的攔雪壩，高150公尺，壩長530公尺，據守住山谷並擋下谷內的光景，從滑冰場起共800級陡峭的階梯通往壩上。800階不是多輕鬆的功夫，每一塊腳底的石磚砌的比想像更高聳，彷彿怕追不及山壁的攀升，幾戶來郊遊的家庭蹲坐在階梯旁喘氣，也有汽車省事的沿著S型迂迴盤上攔雪壩的柏油馬路。攔雪壩是野餐和看風景的地盤，當然，愛拍婚紗照的阿拉木圖新人也沒有錯過。

阿拉桑浴室，
男左女右

欽布拉克
滑雪場

　　壩的右側是一條柏油路蜿蜒向上，攀爬到海拔更高的欽布拉克（Chimbulak）滑雪場，這條是熱門的健行路線，我只爬一半，就望向山頂的白靄興嘆，投降。

背包客的家庭作業

登記Registration

　　「辦登記」，是哈薩克旅遊最麻煩的一件事。入境時，邊境官員會給一張 migrational card，這張卡上面該要有兩個戳印，入境處只蓋一個，另一個就要自己想辦法。

　　有些資料說可以不要理它，但Fred對我說：「或許你可以不理它，但同時也給了警察抓到違規的機會，要冒著被罰款，甚至更嚴重的後果。」事實上，我真的遇到兩個因為沒辦登記，眼睜睜看著飛機起飛的荷蘭女生。李老師則世故的認為她們太傻，就算因此被擋駕，只要掏點錢塞給警察，中亞警察永遠都很歡迎賄賂的。

　　辦登記的期限是入境後的五天內，地點在阿拉木圖的移民警察局（migration police office），你可以想像全國的遊客都擠在那裡。辦理窗口是第3櫃台，櫃台人員會給一張表格，並要求用俄文填寫。我和Mark不懂俄文，緊跟著幾個好心大陸人的

指示，走到警察局門外右側的那棟房子裡找代書。他們告訴我是最後面的一間小理髮店，沒多久有個男子來幫我翻譯和印證件，旁邊剪頭髮的咖擦聲也從沒停過。

辦理時間是早上的10點到12點半，表格填完還要繳一小筆費用，然後把收據和表格都交回3號櫃台，順利的話，當天下午4點再回警察局就有登記卡了。

移民警察局內的盛況

再見，李老師

拿到Registration的下一步，就是烏茲別克簽證。Fred恐嚇我說有對荷蘭夫妻排一個禮拜卻沒排到，我半信半疑，聽起來又是個艱鉅的任務。

但我們寢室還有李老師這位簽證達人，李老師能在三天內辦完三個國家的簽證，效率絕佳外，他也歸功香港護照幾乎是橫行天下。幾天後，他拖著他那箱瘋狂的參考書，帶著我們的祝福出發

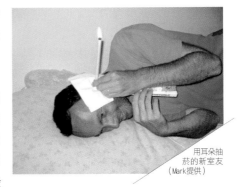

用耳朵抽菸的新室友（Mark提供）

了。有關李老師的行蹤，直到烏茲別克都還聽人說起呢！

接著有個高壯的背包客暫住我們寢室一晚，他也從大陸西北過境，終點在歐陸。邊聊邊從背包拿出廟宇常見的香束，塞進耳朵裡面，目瞪口呆的Mark趕緊拿打火機幫他點起菸，他悠哉側臥，說這是在清理耳朵。剛回房的Fred先看了眼一旁興致盎然的我和Mark，再用古怪又有興趣的表情打量用耳朵抽菸的新室友。

烏茲別克簽證

烏茲別克領事館在潘菲洛夫公園的東邊，開放時間是星期一到三，還有星期五。在這些工作天，早上9點會發放號碼牌，下午1點開始辦證，4點前就休息了，辦簽證要準備LOI和護照，以及影本。領事館的正門在左半邊，柵欄常保持上鎖，除了到號的以外都嚴禁入內，號碼牌和報到由右邊的警衛室處理。

在早晨發號碼牌時，就已經決定了誰拿得到簽證，形式上，雖然30號以上都發

的出去，但真正有機會走進領事館的還不到10號，其實往往就只到5號左右，聽說是控制入境的人數。我是7號，擔憂正介於臨界點，很幸運的現場有中國石油公司的員工也在等叫號，他們的人拿的是8號，因此很努力的以俄文向警衛套交情爭取時間。等我和8號走出領事館，警衛立刻鎖上鐵門，在不滿聲中宣布打烊。

烏茲別克
領事館

　　領事館人員的態度還算客氣，只是英文同樣很抱歉。另外，在申請LOI時所登記的旅遊期限，可於辦簽證同時要求更改日期，像我因為在新疆耽擱太久，就延後了半個月在烏茲別克的時間，讓人不由的質疑LOI的意義。簽證的費用約30美金。

再啟程

　　簽證到手那刻，我努力憋住興奮到狂亂的心跳，買了啤酒準備和室友們慶祝。

　　寢室內不尋常的安靜，桌上躺一張留給我和Mark的字條，Fred說Couchsurfing（沙發客）上有哈薩克人願意收留他住宿，他這天搬了過去，和我們，還有李老師，當室友的日子很愉快，祝大家的旅行都能順利。

　　哈薩克也無不散的筵席，離別挾帶一點很熟悉的感傷，但前方的旅程也該同樣的令人期待，至此為止，我們從烏魯木齊到哈薩克的緣分終告一段落。我和Mark喝了個盡興，隔天，再次上路時，我們寢室裡只剩Mark床腳還擱著孤獨的背包。

　　火車站在市區最北邊，售票人員儘管表面上在努力理解我的英文，卻對語氣的不耐煩毫不掩飾。我想了想，坐到車站大廳的空位，用蠟筆在畫冊上塗鴉哈薩克地圖，並於地圖上點出我的起始點和終點。面對著玻璃窗架起畫冊，在台階下，我得意的看見售票人員浮現奇怪的表情，知道我達到目的，立刻就有熱心和好奇的路人圍上來。關於購票的細節，一位來自阿斯塔納的先生親切的協助了我。

旅行筆記

- 國際巴士的時間表是：烏魯木齊每晚7點發車，隔天凌晨抵達霍爾果斯（Khorgos）山口，新疆時間下午1點辦完入境再上路，大約晚上8點左右抵達阿拉木圖。直達哈薩克，每人要價兩千元台幣，要先打電話到新疆的邊疆賓館訂車票。

- 哈薩克夏涼冬寒，阿拉木圖附近夏季常會有陣雨。

- 阿拉木圖的街道是塊整齊的棋盤，但沒有地鐵，計程車太貴，只有不值得依賴的公車。理論上，公車都會沿街道直走，不過偶有措手不及的轉彎，或兩站間相隔好幾個街區。在小巴黎鐵塔對面的公車站搭單軌電車就能直達火車站。

- 第三宿舍的櫃台在二樓的房間裡，浴室被掛上大鎖，得跟櫃台大媽拿鑰匙。每晚住宿1000Tin。

- 哈薩克的電信系統比較特殊，在這國家沒有國際漫遊，但網咖非常多，我和室友都推薦Qazagtelekom這家在阿拉木圖旅館後面的網路中心，提供的服務包括上網、列印和很糟糕的國際電話。

- 阿拉木圖物價約比台灣高20～30％，飲料比台灣略為便宜，科技產品則和台灣相當。單日消費含住宿大約有台幣七、八百元。

- 約一天就可走過市區景點，旅客通常是為了中亞簽證而來的。

小巴黎
鐵塔

火車站

千年彩磚

黃禍的起點。

哈薩克斯坦

Kazakhstan

　　歷史上，大概很少有地方，像南哈薩克這段路口一樣具有決定性的影響力。這裡曾是蒙古西征的導火線、帖木兒帝國的終點，以及怛羅斯之役的戰場。

　　11世紀的花剌子模，是烏茲別克和土庫曼（Turkmenistan）交界處附近的王國，全盛時幾乎囊括大部分的中亞，在蒙古西征前。現今哈薩克境內的歐特拉（Otrar），在陸地強權還不確定的年代，也隸屬花剌子模的領地，西元1218年，歐特拉的地方執政官接待蒙古的貿易團，由於貪求財物而暗殺商隊450人。為此，成吉思汗特地派遣使節，向花剌子模的蘇丹（突厥語的國王）表達抗議，要求徹底調

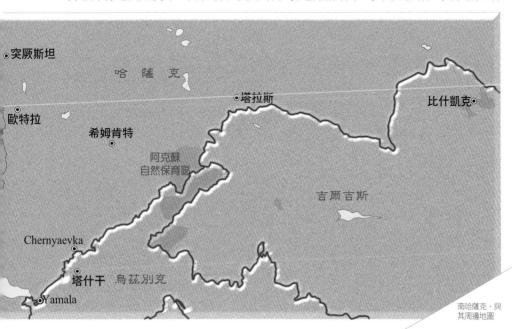

南哈薩克，與其周邊地圖

查歐特拉事件，卻遭到蘇丹燒掉鬍鬚的羞辱，誰也沒料到，這將會是人類史上代價最慘痛的挑釁。

隔年，20萬蒙古鐵騎由東至西輾碎所有文明，歐亞大陸上沒有任何勢力擋得下成吉思汗和他勇悍的子孫，隨之誕生史上第一個貫通地中海和太平洋的帝國。在中亞，歐特拉被殘忍的屠城，撒馬爾罕和布哈拉被夷為平地，數百年後這裡仍是蒙古後裔的天下。

今日的南哈薩克，並沒有保留豐富的歷史傷痕，遭到摧殘後的歐特拉，只剩下土堆和一座博物館標記它曾經的錯誤。

帖木兒的最後遺作

火車朝東北駛離阿拉木圖，微靠左傾斜，在草地上劃過巨大的拋物線，才轉往西南方前進。我讀著手上的地圖，下一站其實是相距不到四分之一哈薩克國土的城市，竟也要16小時的車程，從窗戶看出去，這國家盡是一筆畫向無垠的地平線。

窗口體貼的設置板凳，我邊倚窗念書，邊欣賞哈薩克人難得活潑的一面。賣麵包飲料的推車、隔壁的頑童和串門子的大嬸，忙碌來往我們的包廂，我發覺聽不懂的喧嘩聲原來不擾人，排除掉那些難以理解的辭彙後，就是首飆著抑揚頓挫音符的合唱曲。

入了夜，包廂陸續熄滅燈，我輕數聽慣了的鐵軌節奏，夢境奔馳在草原上。

牧野

野馬

哈薩克
火車車廂

隔壁車
廂的孩童

帝國末日

先介紹一個單字：Turkestan，Turke-字首可以被譯為土耳其（Turkey）或突厥，-stan字尾則是突厥語，地區的意思，因此Turkestan就是土耳其斯坦或突厥斯坦。

Turkestan有兩種不同的意義，廣為人知的是突厥人的地盤，也就是突厥系種族所活動的區域，從新疆、中亞到土耳其，都是突厥的勢力範圍，19世紀起，一般稱呼的西土耳其斯坦是指中亞的五個國家，東土耳其斯坦就是中國的新疆。

事實上，Turkestan另一種意義，是名為突厥斯坦的城市，在哈薩克南方，和烏茲別克邊境、怛羅斯、歐特拉等城市的距離都不遠。英文地名的翻譯常會撲朔迷離，本書為了區別，地區的名稱採用土耳其斯坦，哈薩克的城鎮則採用突厥斯坦。

西元1404年，帖木兒大敗鄂圖曼土耳其帝國，稱霸中亞、波斯、高加索山脈和北印度，繼成吉思汗後再度撼動歐亞，意氣風發的帖木兒隨即在哈薩克南方集結20萬大軍，準備進攻明朝，並成就史上第二位成吉思汗。帖木兒無敵於當代，征服世界本是很有可能的事，但他卻在1405年的2月因肺炎而病逝於歐特拉，壯志未酬身先死，突厥斯坦的亞薩維陵見證了這一代帝王永遠的遺憾。

若帖木兒多活過幾年，現在的世界地圖可能又會是另一種樣貌了！

前往亞薩維

我站在突厥斯坦市的街道旁，還微微的暈眩，感到腦海的羅盤短暫失靈了，於是隨意沿著路遊蕩，幾間早餐店掀開屋外的烤爐，香氣都流瀉到腳邊和柏油路上。

徘徊了片刻，早起的糊塗總算被突

突厥斯坦市區

晨作

突厥斯
火車站

亞薩維陵城
外，聖賢像

厥斯坦的朝陽曬醒，我回過神向路邊兩位年輕男女問路。起初他們瞪大眼，流露出迷惑的神情，直到我展示出亞薩維陵的圖片，他們恍然的瞬間讓我彷彿看到頭上那顆燈泡。我還在原地，他們已經替我招來一輛公車，司機不介意載個無助的旅人，依照中亞的習慣，伸手來相握意思是歡迎你。

　　過幾分鐘，我被他放下車，前面就看得見一列城牆正遠遠的呼喚我。

亞薩維的傳說

　　帖木兒晚年，在突厥斯坦為蘇菲派（Sufism）聖人：亞薩維（Yasaui）修建陵墓，這就是其後伊斯蘭教在哈薩克最重要的聖地：亞薩維陵。陵墓從後牆開始建起，打從帖木兒在歐特拉嚥氣的那一刻起，或許沒人敢擅自建造下去，於是亞薩維陵進入無限期的停工。直到今天，正門橫樑仍醜陋的裸露在土牆外，和帖木兒帝國都停留於那個時空了！

　　究竟帖木兒想打造出怎樣的亞薩維陵正門？已經永遠都沒了解答。

　　現今全世界動盪的因素，部分源自於伊斯蘭派系間的征戰。中亞的穆斯林大多是遜尼派中的哈乃菲（Hanafi），但真正造成影響的，卻是具神祕主義的蘇菲派。蘇菲派崇尚和阿拉真主直接做交流，主張透過個人的親身體驗來感受真理，獲得與真主對話的榮耀，注重自修的精神廣受歡迎，深植在中亞等地區。

　　我想起在某次不期然的聚會，有位台大心理所的朋友曾指著路燈解釋說，若路

玫瑰園

阿凡提騎驢
像，位在烏茲
別克的布哈拉

燈是真理，宗教就是指著路燈的手，是引導人們的媒介；但其實任何人都能藉由冥想或藝術的過程看見路燈。

就像是《牧羊少年奇幻之旅》反覆強調的天地之心：「追尋過程中的每一個片刻，都是和神與永恆的邂逅。」

負責傳播蘇菲派思想的是導師或聖徒，至今中亞有很多地方家庭仍保存聖徒崇拜的習俗。科札・艾哈邊德・亞薩維（Kozha Akhmed Yasaui）就是蘇菲派導師，同時也是名詩人，透過詩歌的方式，引領遊牧民族領悟善惡道理而廣受景仰。據說在遙遠的國度，直到現在仍有穆斯林在吟唱亞薩維的歌謠，連13世紀的詩哲魯米也深受影響。

亞薩維陵

走向亞薩維陵會先經過防禦牆，或玫瑰園，整體寬465公尺，長655公尺。陵寢是座巨大的長方體建築，2009年兩側面正在進行修復工程，入口在欠缺裝飾的那一面，背面華麗的彩磚正是最負盛名的特色，出自於帖木兒從波斯俘虜的工匠之手。

陵寢廳堂的中央是具金屬大鍋，據說鍋裡盛有聖水。在廳堂的每個牆角都有房間，有的是博物館、有的是簡陋的廚房，唯一的廚具是灶上斑鏽的大鐵鍋，或許是荒廢了烹飪；還有座清真寺，地毯上的氣壓和廳堂同樣莊重，四面空曠，遊客雲集，竟傳不出震盪的迴音，我們都竭盡全力的壓低分貝，在墓室旁肅穆儀態。

聖陵墓室是封閉的，朝聖者只能在格子窗外禱告，隱約窺見裡頭有墓碑的形體。幾位朝聖者蹲在窗前，雙手並排遮住臉，微屈成碗狀，緊接著直下滑到胸口，移去左手，右手持續握碗並喃喃的誦禱，這似乎是屬於穆斯林的祈禱，專注的神情令人著迷。過了一會兒，等墓室旁人散去，我也嘗試以相同姿勢蹲坐、不同語言對聖人致敬。

阿凡提

蘇菲派教義以故事的方式呈現，最常出現的主人翁是納西魯丁（Nasruddin），但一般普遍尊稱他為阿凡提（Afanti）。阿凡提是突厥語中「老師」的意思。

關於阿凡提有許多的傳奇，有人說他和帖木兒同時代，也有人說他是早在1208年的人。可以確定的是阿凡提常打抱不平，和昏庸的可汗、霸道的財主有著精彩互動，留下篇篇趣味的寓言故事。曾有人說：「絲路有多長，阿凡提的故事就有多長。」聯合國教科文組織曾將西元1996定為納西魯丁年，以示對伊斯蘭的重視。

當阿凡提故事流傳到各國時，有些本來不是阿凡提的經歷也以他為主角，越傳

越趨近於通俗，甚至漸漸的把他神格化了。於是，蘇菲派勸人與善的精神意涵，也跟隨阿凡提走遍世界，在伊斯蘭外也都產生了潛移默化的影響。

聖地相關

哈薩克只有兩個地方有神祕詭倔的地下清真寺，除了裏海東岸沙漠帶的遺跡，另一處就在突厥斯坦，亞薩維陵附近的山丘上。

亞薩維將蘇菲派思想從聖地布哈拉帶進突厥斯坦後，生命的最後幾年，為了悼念先知穆罕默德，遂進入地下清真寺內隱居，身旁只留有儉樸的用具，和乾淨的禱告地毯而已，直至1166年逝世。原本亞薩維陵只是小寺廟，當300年

神聖與神祕共存的地下清真寺

後帖木兒來到這，也帶來和撒馬爾罕那同為頂尖的建築技術，在這裡，留下帝國最後的佳作。

伊斯蘭教五功中的朝，是說一生中必須到麥加朝聖過一次；哈薩克當地信徒則認為到亞薩維陵朝聖過五次，就相當於到麥加一次。

西元2003年，亞薩維陵被聯合國教科文組織登錄為哈薩克的世界遺產。

地下清真寺

現在的地下清真寺不僅是寺廟，同時是和亞薩維或伊斯蘭教有關的博物館。

從入口走下清真寺的台階，左邊已經如廢墟般磚瓦堆疊著，正殿則在右側的第二層房間裡。廳堂中間鋪設地毯供信徒祈禱之用，再往內走有一排展示區，陳列衣服、器皿和地圖解說，我猜想，這些都是向訪客傾訴著亞薩維存在過的痕跡。

清真寺外的駱駝

但是地下清真寺並不全然在地底下，耀眼的光線，從牆壁最上排的氣窗透進來化成光暈，是室內唯一的照明。在我即將離去前，一位老人背著光在祈禱毯盤坐，

也許，老人於此緬懷亞薩維，正如同那時亞薩維悼念穆罕默德一般。

星期五清真寺

地下清真寺旁另有清真寺，外門低矮、木雕紋門柱、加上院內一矮井，不起眼，卻在庭院後一堵牆上以磚瓦拼湊出圖案，描繪的是雙手在豎直與平放間捧著水瓶，這該屬於伊斯蘭教的意象，但難免會讓來自東方的旅人聯想佛教的味道。

但有別於動輒三、四層樓高的清真寺，這間小廟，有著旅途中所見最精巧的門院。

背包食譜

亞薩維陵附近一片的淡黃稀疏，唯Nauryz餐廳華麗獨到的鐵門，在突厥斯坦街上格外醒目，不依靠「寂寞星球」（Lonely planet），視線也不會輕易的放過。

推開鐵門，走進仿古的中庭。典雅的水池旁有兩尊四不像的白色石雕，蹲踞於通向主殿的階梯左右，餐廳內當然不會有解說員，但我幾乎能夠想見出一座夢幻的波斯宮殿，再順著階梯踩踏紅地毯，感受在平民高檔餐廳吃飯的得意之情。據說Nauryz餐廳晚上有兼營夜總會，裝潢難免會太過於花俏而不倫不類。

我的午餐上桌，饢、雜燴湯、附贈幾隻黏人的蒼蠅，不死心的向人們

星期五清真寺的後牆

宮殿般的餐廳大門

宛若別墅派對的餐廳庭院

挑戰著不殺生的極限。中亞蒼蠅多的很平常，我揮趕蒼蠅的動作在一頓飯的時間裡也沒停過，看見鄰桌沒絲毫躁怒，或許蒼蠅和骯髒間的等號，在不同文化裡也有不同的定義。

漫步在突厥斯坦

　　對哈薩克的誤解太深，可以追究到阿拉木圖給的錯誤印象過於強烈，導致幻想的莽原被高樓取代，看見的是轎車而非羊群。突厥斯坦淒涼的讓我有點意興闌珊，我看不見交肩的行人，偶而動靜的只有小客車和載過我的那種公車。

　　沿著路走就有巴士站，我是這樣聽當地人說的。明明正午的日曬最是灼熱，而我竟選此時行走於突厥斯坦杳無人煙的街巷，卻沒想像的難熬。很多角度看來，突厥斯坦應該是更貼近哈薩克原有的素顏，寬廣延展、乾燥的氣息、彷彿不小心被世界遺忘似的獨立，和一股腦的堅強。我當時沒察覺，但突厥斯坦畢竟是比不上城市能說服人心安，我偶而回答當地人的微笑，迴避其餘的更多互動。

　　儘管完全不憑藉地圖的引導，我也逐漸察覺到正接近突厥斯坦的市中心。原本溫和延展的道路，在一個熱鬧路口很明顯的向左畫道弧線，而弧線的內緣是圍有鐵柵欄的停車場，幾台巴士並列於廣場，我謹慎的靠近，詢問往希姆肯特（Shymkent）的班車。

環繞亞薩維
陵的公園

旅行筆記

- 關鍵字Yasaui，在中亞問路的訣竅就是練好關鍵字的發音。
- 從阿拉木圖搭火車，或從希姆肯特搭火車、巴士，到突厥斯坦再轉車。
- 火車站和市區有段距離，得搭小黃，或站前廣場的接駁公車。市區到亞薩維陵也不近，從亞薩維陵往西北方向走，沿著路就有突厥斯坦的巴士總站。
- 亞薩維陵的紀念品攤都在玫瑰園外走道，有各種伊斯蘭聖物供挑選。
- 參觀清真寺或聖地都需注意衣著，暴露或輕浮是會被嫌惡。進入亞薩維陵不能攜帶背包，也不允許攝影拍照，入口有置物架，並提供免費（或小費）的英語導覽。

國境之南

　　這翠綠清新的城市，坐落在哈薩克南端的草地上，雖然希姆肯特本身不若四周的歐特拉和突厥斯坦來的悠久，卻是嶄新的生活中心，洋溢著現代的哈薩克風情，聞名的啤酒Shymkentskoe Pivo隨處可見，將希姆肯特的陽光都釀造其中。

　　從突厥斯坦前去希姆肯特，車程兩小時，我是

希姆肯特街景

最後的乘客，他們讓我硬擠在後座的中間，大背包穩固的卡於雙腿內側，沒動彈的餘地。其餘乘客始終都漠然的揪著我瞧。我發現哈薩克人表情冷淡，一對大眼睛卻總尾隨我的舉動，看不出是好奇，或關心，剛開始頗有威脅感，很久後才明白，讀不到人的心思是如此的令人慌亂啊！

小巴士車廂

希姆肯
特街景

　　車泊在市區外，我踟躕於地圖上不見標示的路口，正遲鈍的思考下一步，開那小巴士的司機要我坐到方才無緣的前座，專程載我進入希姆肯特市。

　　在我告辭前，他從前座的置物櫃裡翻出一條手鍊塞到我手上，鍊珠表層似乎磨的有些痕跡，每顆黑珠子有8粒白色凹槽，聽說是好運的象徵，我欣然收下。確實，沒有什麼比好運能給旅人更多幫助，而好運永遠都不嫌多。

地區博物館

　　希姆肯特這可愛的小博物館，票價不到30元台幣，沒有名氣，只有簡單的展示窗和解說；但在文化保存上小有貢獻的館藏，更是需要旅客的支持。

　　一樓分為兩區，一邊展示哈薩克族服裝、器具和起居的民族傳統；另一邊則放置大批的動物模型和生態圖表。聽說周遭天山山脈的尾翼有阿克蘇（Aksu）自然保育區，由西向東的海拔漸層攀升至5,000公尺高，擁有荒野到冰原等各種氣候帶的環境，生物多樣性廣博，是全世界最北端的紅鶴棲息地；珍貴的還有雪豹，雪豹是自然保護聯盟認定為高度瀕臨絕種的動物，在地區博物館有些相關展覽。

　　樓上是2008年成立的俄共展區，舊時代衣帽、槍砲、電話、書籍，乃至於公務用的桌椅都有，還找的到徽章、信件、老花眼鏡，林林總總，幾乎在蘇聯解體那年沒帶走的一切，如今都關進哈薩克的展示窗。

絕無僅有的奢侈

　　我住的Motel Bayterek-Sapar，入口看似是百貨公司，實際上的櫃台在通往二樓的樓梯旁，這間在希姆肯特可算是便宜住宿，每晚也台幣500元起跳。住宿附贈早餐和半小時的桑拿體驗，旅館有設網路中心，就在樓梯下、櫃台對面。

　　入住旅館的下午，服務生Kelly說著流利的英文，向我介紹他們的城鎮；一旁階

希姆肯特的
小博物館

林蔭大道

色彩活潑的
自助餐廳

旅途中最為
奢侈的一晚

哈薩克
菜，右下是
餃、中間是魚
肉、左下是肉餅、
左上是甜點

梯上有十幾個小孩肆無忌憚的打鬧，居然也能以生澀的詞句向我搭話。近傍晚左右，他們開始向住客討錢，雖不至於感到害怕，但不舒服的感覺一路尾隨，我看向旅館的反應，Kelly只是敷衍的喝斥。入夜後我仍隱約的聽到走廊上有跑跳嬉笑的聲響，他們在不遠處，旅館附設的小型會議廳內，不平靜的鬧了一夜。

巴札區入口

背包食譜

　　經過歷史的堆疊，中亞城市常不體面的搭襯著新舊城區。於希姆肯特，新城區路旁隨處是白領用餐的露天茶座，菜是中亞的口味，卻包裝在時髦的樣式和價格裡，好奇心作祟，我點客哈薩克漢堡，和台北的美式漢堡頗異曲同工。若說道地，Ladushki絕對是餐廳首選，它和阿拉木圖的地下餐廳一樣自助式，但菜色選擇較多，增設了甜點和飲料的櫃台，這部分有兼營咖啡店，聽說極受民眾的歡迎。

　　舊城的巴札裡多是寬鬆布袍的人民，但若沒有強健的鐵胃，去巴札吃饢或熱食都是刺激的冒險，我在水果簍子傷痕累累的棗梨中挑了一袋，迅速的付了錢。

　　Shymkentskoe pivo（啤酒）在任何商店都買得到，是希姆肯特的招牌飲料。

旅行筆記

● 只要往返於阿拉木圖、南俄羅斯、烏茲別克首都塔什干（Tashkent）、或吉爾吉斯首都比什凱克（Bishkek）之間，都很有可能經過希姆肯特。

● 希姆肯特沒什麼觀光資源，旅人來這城市，通常是轉車突厥斯坦或歐特拉，或前往其他的國家，逗留期間約一至兩天，有些人如李老師，甚至只待半天。

逃出哈薩克。

往Yamala的

是誰說,遊記只是個勾勒旅人的故事?過程或許很不可思議、很浪漫、很驚恐,閱讀後的心得卻既是單純,又容易下斷語的。但沒有人真的明白,主角在當時是懷著怎樣的心情,面臨無數可能發生的未來。例如阿拉斯加之死,那些同情或仰慕都不過是讀者感想的投影,對主角而言就只是自己所塑造的經歷。我很喜歡企管的個案教學,站在那個時空下的企業還能有什麼決策?而老師總強調,這永遠都不會有標準答案。

To be or not to be?

本篇的事件就發生在哈薩克邊境,或許只是篇故事,是旅行個案,但各種狀況接踵來的突然,我憑藉著臆測和直覺去體驗,很多時候甚至不明白發生什麼事。

但無論如何,都還是場值得紀錄的冒險。

漸近線

有一段日子沒躺過溫柔的床墊,我換了個睡姿,誤以為自己還在夢境。

但又一次的,我意識到混沌的思路正逐漸在暢通。話說,我不太會認床,似乎真的是很幸運的事,抓住甦醒的前奏才讓我迷糊很久,可能回憶起松山機場的晨曦,錯以為這是台北,而旅行就只是飄渺的夢境,直到我瞇著眼瞪視床腳的落地窗。

想起來,

我在希姆肯特,南哈薩克。

8月22日，10:00am，希姆肯特

　　假如以閱讀來比喻，那希姆肯特稱得上是一本情節輕鬆、著色精彩的繪本吧！擱在書店最顯眼的展示架上，你知道你通常不會買回家，也明白只消幾秒你就能翻到書底，讀懂它的趣味，再揹起背包，闔上書，掀開下一本艱澀或豐富小說的封面。

　　原訂計畫：這天要揮別哈薩克的地平線，走進烏茲別克的伊斯蘭傳說裡。

　　我邊埋怨著旅人最不能厭煩的整理，邊伸手撈散落房間的雜物，照順序塞回背包，遵從已成習慣的標準作業流程。不同的是，今天收拾的動作卻被幾張美鈔打斷，最開始只是幾秒的猶豫，我想起分散風險的重要性，也想起要把財產藏在書頁旁、衣服內側夾層，此刻卻萌生麻煩的念頭，索性，百元美鈔都放進暗袋，環腰繫緊，壓在最貼近肌膚的位置。

　　會提及這動作，在後續自然是有其意義的。11點準時check out，我將房間鑰匙交還Kelly，逕自到旅館設的網路中心，不例外的向父親報告行蹤：「我現在在希姆肯特，將試著越過邊境，如果一切順利，今天就會抵達烏茲別克的首都塔什干（Tashkent）了。」

　　按下send的按鍵，此時此刻，也有個偶然的舉動，我另外寄一封信給好友浩

在希姆肯特
的最後一瞥

中，兩三句話簡略提及我在流浪中反覆想的，留給台灣的訊息，若是有意外。

別誤會，我非常肯定當時才沒有什麼鬼扯的預感之類的，但獨自在世界盡頭的異鄉漂泊，每一分每一秒的平安都值得慶幸。其實早在新疆前，我就有打算要傳個口信備用，很像是浪跡天涯前會做的事，只不過先擱一旁，恰巧在這天中午才動筆而已。

聽起來很怪，但必須強調的是，至今我仍深信背包客每天的際遇，都是造化和機率的排列組合，不過總要有發生任何意外的準備。

在草率的吃過午餐後，我沿著外環街道往南。被感染到一種名為哈薩克的悠閒，追趕行程就太冒失了，這裡是希姆肯特的邊緣，我坐在橋墩上，計程車司機包圍我，要我做個選擇，或許是我對做決定的遲疑，竟引誘他們自發性的相互喊價，開價1,000Tin的司機自信最低價，在叫罵聲中霸道的把我的背包往肩上扛，要我跟他走。

計程車裡已擠滿三個哈薩克男人，難怪便宜的不尋常。

坐我旁邊的哈薩克人和我握手，介紹他的名字是Mulan，發音木蘭。Mulan的臉型很圓潤，長長的睫毛能修飾迷糊的雙眼，一臉憨厚的模樣，是個二十多歲的年輕人。儘管語言不同，我們還是對照著俄文旅遊手冊交談。

邊境關卡Chernyaevka就在一個倒三角形廣場的下頂點，我們從北方過來，道路接上三角形的右頂點。這繁忙的廣場上，計程車司機正盯緊每個人的動向、賣飲料、賣饢和兌換現鈔的攤販環繞著關卡，顯然的，往返邊境不絕的人群是這帶的生計。我望向柵欄彼端的晴空，那邊是旅行的終點：烏茲別克斯坦（Uzbekistan）。

計程車粗暴的停在廣場，司機趕著下一批，其他乘客也熟練的捲入流竄向邊境的人潮。我正要告別，Mulan要求我稍等他，他交代了司機幾句話，我們的車竟離開廣場往回走。Mulan在我抗議前先指個單字，我接過書，那個字對照的中文翻譯是家。

距離廣場約三百公尺，計程車左轉往爬坡的岔路，然後是在半山坡靠左停了車。越過圍牆，看得見有棟白色兩層樓洋房。Mulan走到門前對我招招手，應門的是個圓臉矮小的胖大媽，迎上來和煦的笑容，是Mulan的母親。

她領著我跨過門檻，踏進庭院。

剛才那棟洋房在庭院右側，門柱上的雕刻彷彿是從歐美別墅那盜版來的，左邊是圍滿斜紋鐵絲網的花圃。橫在對面的有一排矮舍，矮舍左銜花圃，往右延伸和洋房之間又開出一套三合院，院內只有小菜園和一座涼亭。

聽說在中亞習俗中，有以無法款待賓客為恥辱，Mulan母親的好客很快地讓我

難以招架，即便語言隔的深，仍可以纏著我沒停歇的問話。胖媽媽要我參觀她的菜園，乾燥的土壤零星栽種不知名的蔬菜，蔬菜並不特殊，但角落的菇群卻很異樣。這薑種的菇帽竟比人臉還碩大，胖媽媽見我發覺到，難掩得意的呵呵大笑，而我，儘管閃出無數問號和驚嘆號，也只能吞嚥疑問，止不住的把訝異都吐出聲來。

　　這世上有無數種尷尬，現在遭遇的是無法用言語解釋的困窘，我很快便詞窮了。轉身想請來Mulan救援，卻沒在庭院看見他的蹤影，倒是Mulan妹妹一度從洋房送茶水過來，禮貌的問候我，我能感受這家人的善良，微笑以對。

　　撐場了許久，Mulan才在花圃那現身，向我介紹他家人和舉止艱難的老奶奶，基於禮貌下我又作客半小時，再喝點茶，嘗一片沾有蒼蠅的柿子。眼見天色已藍的沒那麼刺眼，我堅持該上路，Mulan殷勤的安慰我他叫好計程車，我們互留地址、合影留念。造訪哈薩克家庭豈止在計畫外，更是旅行附贈的驚喜。

　　大門再度開啟，有台計程車已經等在坡路上，Mulan替我開後座的門時，我正和他家人一一道別。透過車的後玻璃，我甚至還能和他們揮最後一次的手。

左腳的球鞋

　　應該先介紹咱們的司機：Pacalin，他用一種很勉強的笑容轉頭，可能是他那撮奸詐的蓄鬚，也可能是他異常的木訥，總之我對他沒有多親近的念頭。但我先是聯想到趴卡林、巴嘎林，讀音就像日文的笨蛋，自顧自的傻笑了。

　　計程車緩緩的滑下坡，然後毅然的在坡底選擇左轉。這不對勁了，它竟和我的方向感作對，在腦中產生個矛盾的路標。

　　我回望明明就很熱鬧的廣場，拍拍Mulan肩膀，「Tashkent？」懷疑的問他。Mulan沒再看我一眼，但就是很篤定的點點頭：「Tashkent！」手指的是一條往東延伸的路。我說服自己不多疑，本地人另有捷徑也是很合理的。

　　大概就五分鐘左右，還沒久到讓我累積確切的疑心，車停在加油站。Pacalin下車向油箱走去，但我向外的視野立刻就被Mulan遮擋住。

　　Mulan從前座來到我右邊，沉默的瞪了一瞥，這一眼蘊含的態度和剛才完全不同，我想再遲鈍的人，也該被凶狠驚起天生的防禦本能。我下意識的尋向門把，卻平白抓了個空，轉過頭，這才驚恐的發現門把和窗戶搖桿都不在原位，把手的位置只剩下一個絕望的黑洞，我壓了壓車門，手感告訴我的是牢固，是無法從內部開啟的密閉空間！

　　我的肩膀被Mulan左手抓住，他右手手掌伸到我鼻子前面。

「Kyle！money！」引擎聲催動，終於醒悟我是被綁架了！

這太誇張了！我甩開Mulan的手，氣急敗壞的回瞪他，內心在一瞬間全面潰決，無法理解這究竟是如何發生的。就像是前一刻人還在台灣，下一秒卻被關在車內的沒有道理，我先想到中午的那封信息，想起台灣，再想起重要的人。

有個關鍵是，我無從得知他們會怎麼處置我，沒有人知道我在邊境前轉過彎，被載往更遠的險惡，假若Mulan興起了惡意，我存在這世界的痕跡就會被抹的乾淨。才剛碰觸這想法，身體便止不住的哆嗦。我原以為我不畏懼死亡，更沒有我眷戀執著的事了，此刻才懂得，真正恐怖的並非生死，而是未知的恐慌。

是恐慌激發了鬥志，我邊背誦途經的路口，邊在糾結的思緒中拼命打撈希望。

第一個撈起來的想法：記得有篇文章整理過被綁架的逃生技巧，其中印象最清

晰的，就是分化歹徒之間的利益矛盾，進而製造脫困的契機。於是，我把錢包貼靠在Pacalin的右肩上，盡力模仿最和善的語氣：「Tashkent, money.」傳達拉攏他的意圖。

此時，我向前傾，卡進前座的間隙，推擠Mulan到後座的角落，還胡亂打岔Mulan和Pacalin交談的每句話。這顯然激怒Mulan，他伸手揪住我的領口，我也不甘示弱的撕扯他的衣服，但我們扭打的動作其實只限於威脅性的耍狠較勁，雙眼不放過彼此的怒目圓睜。想到方才，我居然曾當這人是朋友，悔恨的差點就讓眼眶微微滲汗。

我們沉默的翻臉，車無止盡的在鄉村街道遊蕩，我不確定這方法是不是奏效，靜靜的祈禱，但Pacalin似乎無視後座的爭鬥，也吝於透漏任何的訊息。

沒有預警下，車在一排矮房前的小徑停了下來。

這又是哪？顯然不會是出境大廳，一陣心悸逼得我渾身顫慄。

Pacalin打開門並跨出一隻腳，我趕緊抓住他的手臂，懷抱飄渺的希望：「Tashkent？」我問他。他只點點頭又輕拍我的手背，猜不透用意，但我卻不得不放開他。Pacalin下了車，沒有幫我開門就走到矮房前的屋簷下，那裡聚集一群穿短衫的男人正在抽香菸，Pacalin對他們說幾句話，最後斜過頭，手遠遠的指向車，還有我。

我看見他們大笑，一道猛烈的寒意從頭灌到腳底，差點嘔吐出胃酸。

死定了！我激動的踢門、搖椅、捶打車窗車頂，瘋狂破壞車子的任何部分。

我終於明白，就算再怎樣冷靜的人，在極度恐慌下真的是會歇斯底里，就像我明明很清楚完全不可能逃生，卻也阻止不了自己的崩潰，體內有股膨脹的噁心像火山爆發般濺射，脹破胸膛。但冷血的門窗沒絲毫的感動，把希望都鎖死在車內。

Mulan也被我突然的發瘋嚇傻。我破壞汽車不成，完全不顧背上還有個50公升大背包，掙扎想從前座中間爬到駕駛座，Mulan立刻抱住我，把我按在椅子上，我們又是一陣扭打。絕望中，我聽他喊：「Pacalin！Pacalin！」

喊叫聲傳到屋簷，Pacalin立刻跑回駕駛座，堵住了我前面的一道出路；跟著有個胖大叔傲慢的來到右前座，回過頭，用一種令人心寒的和藹笑容打量我。

車再度上路。

至少有件事可以確定，我沒有幸運到能無緣無故的脫身，但也不敢再放任自己繼續的歇斯底里，有個預感說，接下來的情況只會越來越不利。

好友建宏的叮嚀此時在我耳邊提醒我：「你什麼都可以弄丟，只有護照和現金絕不能掉，至少你要回得了家！」

想到現金，滿溢的絕望差點讓我哀號出聲。現在我所有的錢都放在腰包，似乎很快就要遭殃了！我幾乎毫不考慮的就決定先把錢移走，於是右手勒著側背包壓在腰腹上，左手緩緩、靜靜的尋向暗袋，幸虧車內空間不大，沒有人會發現我沉默的掙扎，直到左手手指掀開暗袋、撕開防水層、最後在護照旁順利觸摸到鈔票，既緊張卻十足俐落。

一、二、三、四、五、六，六張美金百元鈔票，幾張零鈔就被放棄了。

人生中有些決定是絕不容許出錯的，否則永遠會有道無法痊癒的懊悔，問題是，沒有一個抉擇能保證完美，鈔票握在我的左手手心，這一刻裡，為難竟如此的清晰。我沒考慮太深，很直覺的把鈔票藏在左腳球鞋裡，剩下的只有祈禱讓我僥倖逃過這次了。

車正開上一座小山丘，我擔心他們是在找更遠僻的地點，已經是不能再和自己的生命鬧脾氣的關頭，我大喊：「OK！Stop！Stop！」

Pacalin聞聲在山坡上拉起手煞車，我們微微仰個角度斜靠在椅背，三個歹徒同時轉頭看向我。我深呼吸後調整心態，告訴自己什麼都不再重要，除了護照、現金和生命。

關於失去這件事，只失去一小部分是最痛的，但大多都已挽留不住時，剩下的其實好像也不是這麼的在乎，或許乾脆全部放掉還比較痛快。我清楚這道理，也明白下決心才是最艱難的選擇，轉念間我發現心思居然在瞬間就平靜了！

我主動拉開背包，相機、手機、隨身聽，值錢的東西，通通攤在歹徒的面前，像個擺路邊攤的，我教他們怎麼用我的照相機和手機，也主動告訴他金融卡密碼。

本來歹徒是不要衣服這種沒有價值的東西，但我硬塞了一袋沒洗的臭衣服和衣架給他們，有點自暴自棄的向他們推銷，強顏歡笑，本來就是我的專長。誇張的行徑惹的Pacalin和胖大叔都大笑，我跟著呵呵傻笑，悲哀的想著被搶劫還笑的出來，大概就只有我吧。

我脖子上那個好友給的饕餮護身符，為了賭氣的衝動，也被我摘下給Mulan。如果它真的是傳說中凶猛無敵的神獸，為什麼我現在會在這裡呢？

最後Mulan要我打開暗袋，護照見了光，Mulan要我把護照交給他。我下定決心認真看著三名歹徒，指了指護照再比了一個劃過脖子的手勢，告訴他們護照就是我的命，想拿走就必須踩在我的屍體上。這也是真的，如果沒有了護照，即使有現金也不能逃回家；我幾乎是可以感受到把生命放在牌桌上，當談判的籌碼。

不知道是被我的決心震攝到，還是不願傷人性命，歹徒互看了一眼，就這樣？這倒是出乎意料的簡單啊！

Pacalin把車開回馬路上時，Mulan繼續找他要的金錢，他掏出暗袋的5美金，他不死心的檢查每張紙，拿走他覺得有價值的，就是沒有現金。Mulan顯然不滿意，不相信我錢帶的這麼少，伸手在每個口袋中搜摸，嘴中重複他唯一會的英文單字：Money。或許出自純粹的好運，即便他搜遍全身，卻始終忘記左腳上的球鞋。

　　車漸靠向馬路右邊，有條往上延伸的岔路通往隆起的廣場。Pacalin把車停在廣場上緣，Mulan打開車門後站在一旁，似乎沒有再把我關起來的打算。我壓抑著狂喜正準備下車，胖大叔手直放在我前面，竟然想跟我握手！是要我好好感謝他們嗎？

　　我惦記著藏起來的現金，這是我掙扎的動力，假裝謙虛的向他們一一握手。然後他們很愉快的把我放了，我甚至彷彿還聽到他們揚長而去的笑聲。

夢十夜

　　表面上看來，似乎只是不經意的一瞥，但我的專注力在瞬間全灌到行李箱底下的那塊車牌，「FCN630」，我幾乎確定會記憶一輩子。

　　左手拎著輕盈的背包，旅行結束了，我悲傷的想著。偽裝的冷靜也只硬撐到歹徒下了廣場，驚慌就立刻顯露在我臉上。我看清楚這是個停車場，有不少哈薩克人站在車旁正打量著我；而前方不遠處有座崗哨，一名面孔黝黑的軍人站在崗哨裡。

　　我大聲疾呼HELP，邊飛奔過廣場，見到那軍人的表情包含了驚嚇和疑惑，但他仍為我敞開柵欄的鐵門，我才注意到柵欄後面的建築物，和之前的霍爾果斯大同小異。原來歹徒們倒好心了，竟把我丟在另外一個邊境關卡。

　　我被帶到出境大廳，有一列等待過關的旅客在櫃台前排隊，對我又投以那熟悉的好奇目光，可是我卻不能加入他們。出口右側，是一道往上的半層樓階梯，在二樓走廊右側的辦公室裡，幾個穿制服的警察更訝異的注視我。

　　綁架搶劫，在小鎮肯定是件大事，更多的警察被召回辦公室，卻沒找個稍微能講英文的。還記得我的畫冊嗎？完全出乎意料，竟成了最主要的被害人證詞，我用蠟筆塗鴉Mulan家、Pacalin的車，儘管以英文當旁白，但旁白就只是搭配劇情的音效吧！

　　故事說完，我不知道他們是解讀出怎樣的情節，有警察翻閱資料，有警察拿畫冊去做紀錄。

　　大廳傳來滿是誘人的喧嘩，這和我以為的不同，我飽受驚嚇，在一個可能連地圖都沒聽過的警局，只想狼狽的逃往另一座城市。前共產國家的警察竟沒草率的吃

案，還真是奇蹟，好幾次想一走了之，都被警察拖回辦公桌旁的凳子上。

七點邊境封關，我有種你們害我困在哈薩克，就要想辦法負責的埋怨想法。我無法平靜，我制止不住焦慮四處走動的雙腳，我也無法思考，不斷懊悔：怎麼會發生這些事、失去的該怎麼辦、以後怎麼辦，關於這類的問題上。

痛苦的幾小時過去，警察陸續下班，來了個肥肥胖胖的警察要我跟他走，還有另一名瘦高的警察跟在他後頭。我們走出警局和柵欄，此刻夜空，晴朗的只剩月光刺眼，朦朧中眼睛逐漸適應上方的光線，看清楚廣場上的人竟不比白天來的少，只是模糊的四處都是背光的輪廓，是哈薩克人的身影。

我迅速坐進胖警察的車，他好像用俄語說了些什麼，四周響起竊竊窣窣的窺語，接著瘦警察發動汽車，離開廣場時，我回頭看見沉默的黑影仍在原地縮小，最後和黑暗分不出界線，我鬆口氣。

但我再沒有心力思考，無神的望著窗外，任憑警察怎麼樣的安排。

一個轉彎時稍稍喚回我的神志，警車順著圓環停在大宅前面，台階前已站著年邁的老婦人，她和下了車的胖警察交談幾句。我行屍走肉般跟警察進門、上樓、經過大廳、走廊、開房門，直到進門丟下背包，然後，我才意識到今晚就暫住在這裡。至於這裡是什麼地方，我也不在乎了，我從沒有這麼渴望獨處過。

圖畫報案的紀錄

胖警察見我很恍惚，在畫冊上寫下7:00am，叮嚀明天早上來接我的時間。我邊聽著邊萌生由衷的感激，我知道住宿是他找的，沒打算向我收錢；原本刻板的印象以為哈薩克警察只專精於貪汙，卻反而也超乎預期的友善——特別是見識過壞人以後。

　　我情不自禁的給胖警察一個擁抱，阿婆和瘦警察都笑開懷了，這裡是中亞，只有握手沒有擁抱，但胖警察仍是大方的接受了。

　　送警察離開了，我攤在台階上疲憊的直視夜幕。這一天的際遇太難以置信，我閉上眼睛，眼前就浮現出Mulan揪住我領口，「Kyle, money.」再度播映的畫面，還有困在車子裡拼命敲打窗戶的抓狂。我深深懊悔自己卸下心防，給歹徒這麼顯而易見的機會，有些情節在事後連自己都覺得荒謬，但當時就是很難預料呀！

　　不知道是放空多久，再起身時，我感到注意力比較能聚焦在眼前，不再維持驚懼的戒備。通往大宅二樓的樓梯就在大門右手邊，到二樓先是靠窗走道，再往裡面走是二樓正中央的大廳，四面不靠窗，沒有燈也沒有家具，有的只有深棕色的裝潢；大廳的最後面也是橫向的長廊，每隔幾步有一扇門，我的房間就在長廊靠近大廳的一端。

　　回到房間裡，我拿著筆記本盤點，列出損失清單：無法在哈薩克漫遊的手機、螢幕損壞的電子辭典、沒充電器的iPod、密碼錯誤被鎖住的金融卡。若不是遭遇這件事，或許我不會察覺這些報廢的行李，我得到樂觀的結論，就算遺失了也不妨礙旅行。

　　我邊寫著，邊想像把負面情緒都放進去，就像《祕密》法則所教的。最後闔上了筆記本，那些看的見和看不見的損失全部在裡面，我說服了自己振作。

　　下定決心，旅行無論如何都該要繼續。

　　於是，我這才注意到外頭飄來低沉厚實的男音合唱，迴盪在空曠的大宅。我按捺不住復燃起的好奇心，被歌聲召喚，躡手躡腳的沿著走廊尋到第三間房間，這裡面是聲音的來源。我裝作不經意的晃過門口，房內有好幾個男子詫異的邊唱邊看我一眼。

　　這是伊斯蘭的唱經班？某個祕密團體？我完全沒個概念。但我倚靠著走廊的牆壁靜靜的聆聽，感謝上天，保佑我安然度過恐怖的一天，帶給虛弱的我一張床、幾首療傷的歌，無神論的我最後也不禁跪坐在地上，滿懷感恩而終於落淚。

　　歌聲持續著。

　　我躺臥在簡陋的床上而終於入睡。

「旅人本質上都是樂觀主義者，否則他們絕不會到任何地方去」
～保羅・索魯Paul Theroux《旅行上癮者》

騷動之家

這些在哈薩克邊境的搶案，每段情節都確實存在過。雖然考量了流暢度和篇幅的限制，我刪掉許多細節，避免讓它看起來像日記，或流水帳一樣囉唆；但被刪掉的也是旅行的一部分，無可替代，只是不影響敘述，包括希姆肯特的那個早晨、警察局前貨櫃車裡的會議、在邊境餐廳認識Mulan女友等奇妙經歷。

不怕笑，我最後是連滾帶爬的出境，慌亂到根本沒想過要留下什麼紀念，但最能夠證明這一切的，是關於回憶的珍惜，而這對我來說肯定是全世界最重要的事情。

8月23日，7:00am，希姆肯特南方100公里，不知名的小鎮。

舊俄式建築的褐棕色是陰鬱的，似乎連曙光都無法穿透二樓的空間，我扶著油漆粗糙的窗櫺，品嘗新鮮的清晨。昨晚鄰房的歌聲已經被有節奏的酣呼聲所取代，從走廊迴盪到大廳到一樓，順著酣呼聲我才想到，這棟大宅的故事我還有好多的不明白。

說好七點鐘，警車七點半才出現在圓環後，沒見著瘦警察，這次胖警察親自開車。

我們在前座延續昨晚的沉默，除了他好像忽然想到似的問我昨晚睡的如何，我順服的點點頭，不知道該說什麼，於是再次陷在語言的泥沼裡沉默。

又看見同一個右轉，半小時後我們回到隆起的停車場，我縮回後座，遠遠看見瘦警察從另一端走出柵欄，接手我們駕駛座的位子，最後向我打招呼並遞給我一個得意的微笑。車開上馬路前，我正咀嚼那意味含糊的笑容、以及意測我們正要去的地方。

這次真的是不知道多遠，遠到我都懷疑要被警察給賣了，座椅下忽然傳來一陣劇烈的震動，鋪在路上的柏油已經被滿地的碎石取代。我們輾過爬升的碎石子街道，警車在一個不起眼的小巷子右轉，巷子底正對著一扇鑲在圍牆上的大鐵門，圍牆的右端和這排巷子的牆壁連在一起，左邊轉進去才是巷子的最深處。這個L型小巷的底部都屬於同一戶，入口就在眼前的這扇鐵門，從外面看進去兩側各有一棟矮房，陳設相當簡陋。

我們的車正停在鐵門前，沒有向左再深入。兩位警察神祕的壓低聲交談，然

後瘦警察下車去講手機，胖警察用手勢叮嚀我戴上帽子、墨鏡、在車上躲好不要離開、再借走塗滿我供詞的畫冊，我才醒悟，這棟房子和我之間有著我所不知道的關聯。

　　他們敲鐵門，門很快就向左開一道縫隙，偏偏從我的角度看不見站在鐵門後的人，還沒來得及探頭去看明白，警察們已經走進去並順手就把門給掩上了。

　　此時正值盛夏，空氣不情願對流，即使是陰影處的空氣也被悶燒的滾燙。警車內空氣黏滯，每口呼吸都像吞吐岩漿，從口鼻延燒到心肺。我邊埋怨警察沒考慮我窒息的可能，缺氧的大腦，邊開始不受控制的幻想著如果警察被襲擊，我是躲在車子裡，還是往外跑安全？如果歹徒死不認罪，我該怎麼指認？帶警察去Mulan家呢？

　　卡！這是警車防盜器的聲響，清脆俐落，我回頭盯著又再度裝傻的儀錶板。我發誓，瘦警察下車時，真的有把防盜器和鑰匙帶在身上，所以說他是不是想傳達什麼訊息給我？我胡亂猜了個半天，但他們不現身，我再怎樣的猜測都沒個根據。

　　我緊繃的情緒已經像海潮般不平靜了，卻又被新的輾石聲激出浪花。我急忙的回頭，有台小客車硬擠進巷子，但我只看到前座側窗，以及玻璃上那道不均勻的裂痕。

　　昨天我極度恐慌的幾小時，也曾死盯著同一道裂痕。而現在它就停在警車的左邊，我的左邊。

　　等駕車的人走進鐵門，我再也按捺不住了，顧不得警察吩咐就開了門走到車邊。撫摸著玻璃，昨天被困在狹小空間裡的記憶快速的重播，那可真是場惡夢！現在我就站在車外，那是昨天多麼遙不可及的事！

　　大門忽然敞開，胖警察率先神氣的走到我身邊，後面三、四個警察包圍住的是個蓄鬍的男子，昨天的司機：Pacalin，原來這是他家啊！他沒有被銬上手撩，我們倆隨後被警察帶到圍牆旁的陰影下，Pacalin蹲在我腳邊，我因為正義伸張而沉浸在興奮中。沒去注意警察們似乎在等待著什麼，不停息的低聲討論著。

　　圍觀群眾像被甜食吸引的螞蟻，很快的不知從哪多了幾位鄰居或路人。有位瘦高中年男子用流利的英文告訴我，他是特地來翻譯的；我還沒回答，卻看見有道眼熟的身影穿過車陣，向著警察走來。我愣了幾秒才回想起是Mulan的妹妹。

　　我承認，第一個念頭是擔心她會提出不利我的證詞，但她搶在我猶疑之前，先看到我並熱情地揮手，等我慢一拍的把手舉起來，她已經重新把視線轉回警察了！

　　Mulan妹妹在一瞬間就收起笑臉，嚴肅的和警察們交談。然後有個警察似乎是大聲的宣布了什麼，只見在場所有人陸續往Pacalin家移動，包括我旁邊的Pacalin，

胖警察要我跟在他的後面。我這才發現他們走的不是正門，是左邊L型巷子底，圍牆最後的小門，看進去，似乎是廢棄的雜物間，其他的都被胖警察身軀給擋住了。

我跟在胖警察身後並避開腳下的凌亂，最後跨出雜物間的後門，攔截在前面的是座被鐵絲網包圍的花圃，右側是一堵牆壁，因此我的視線自然就帶向了左邊。

這一刻真有幾秒鐘，整個世界靜的只剩下我一個人了！

我站在雜物間前，其他警察們、Pacalin、翻譯先生也隨後走進庭院，對面另一側的大門敞開，出現更多的警察、更多不認識的鄰居，不久站滿了人，鬧哄哄的。

映在我視網膜的竟是Mulan家。我立刻翻開回憶的日記本，找到昨天下午兩點的那一篇章。原來，昨天我在Mulan家作客的那一小時，Mulan曾一度消失，又從後院現身。當時我不以為意，這段期間他去了Pacalin家，兩家只隔了一道圍牆，也難怪能迅速共同策劃整起綁架過程，趁我被拖延住，Pacalin借到車繞來正門，出現在我面前。

我滿腦子都在回顧情節，思緒沒來得及跟上持續湧入的群眾，不知道是誰，可能還是胖警察，帶我坐到那張我昨天坐過的沙發，翻譯先生也理所當然的坐在我右手邊。

此刻我無意識的看見人群、警察、還有胖警察從矮舍搜出我被搶的手機。

忽然一陣焦急的嘶吼從前院傳過來，才驚醒我的神智，在場其他人也都回過頭，緊跟著的是Mulan媽媽。她從洋房往矮舍這邊快步走過來，圓臉上擠滿氣急敗壞的神情，和昨天的熱情有令人同情的對比，Mulan的妹妹擔憂的跟在她後面。

我心一揪。這畫面是如此震撼，即便在後來，都還可以從我記憶裡清晰的列印出來。

我的視線也跟著Mulan媽媽，沒提防人群中一位男人唐突的拉開我左邊那張小沙發，毫不客氣的靠來我旁邊，他穿的不是警察制服，我先前沒留意他，以致這舉動驚起我訝異的打量他。我看他是個典型的中東男性，微寬體型、人中蓄鬚。一對晶瑩的眼睛看進我眼裡，握住我的左手說他的語言，我正感到莫名其妙，翻譯先生的聲音趕緊在我右耳旁做註解：「Mulan的爸爸想知道發生什麼事，Mulan他對你做了什麼？」

於是我又以英文重複一遍被誘騙、坐車、搶劫的過程，翻譯先生也盡責的逐句翻成他們的語言。Mulan爸爸表情嚴肅的聽完，當翻譯先生結束最後的句點，他一言不發點點頭，站起身，走進屋內，那之後我就再也沒看過他了。

翻譯先生說我可以走了，警察們簇擁我從矮舍走到大門，瘦警察已把車從牆的那頭繞來正門。我在門外，仍聽得到Mulan媽媽的嗓門攪和著雜音，從後院傳來，

我想著昨天離開這扇門時，還看見胖媽媽的祝福，如今只剩警察推著我往前。

　　我在車內等了幾分鐘，等不到車發動，等到Pacalin在警察的陪同下，和我並肩坐在後座。儘管我臉上清楚寫著訝異，他卻硬把視線拉開來，完全沒給我機會對得上。

西南界

　　第二次離開Mulan家，不同的是，當時的司機和我擠在後座，我不安的撇過頭。

　　Pacalin的情緒都僵硬的凝固在臉上，只瞪視著駕駛座上瘦警察的後腦勺。我忍不住又轉頭對著Pacalin張開嘴，卻卡住喉嚨，繼續在內心排練和自己的對話。

　　僅一天前，我對這人還懷有恐懼、憎惡，和想到就悔恨的後遺症。但沒預料的是警察破了案，此刻並肩在警車上，Pacalin的心情必然比我沉的多。感謝老天，現在對我而言，他就只是個旅行的過客，如此罷了！我想不出該和他說些什麼。

　　才五分鐘的車程，就看得到Chernyaevka鎮警局的兩層樓建築，入口處有一圈上鎖的鐵欄杆，散發出肅殺的不安感。我被帶進一樓房間，有個警官在桌上放我精彩

筆錄就在這
裡產生的

的畫冊，用鍵盤敲出一行行他們的文字，撰寫他們所理解的案情。

　　將來還會不會再重返哈薩克是一回事，但卻有這麼一份和我有關的檔案，收錄在國界相交的警局裡，想到這點，就感覺人生際遇總是難以捉摸的奧妙。

　　警察要我檢視那袋屬於我的贓物，估計價值。失而復得才真正讓人感到欣慰。

　　長椅上，坐我右邊的是位哈薩克女性，顯然不像警局的人。我以為她是別的案件的關係人。她告訴我，她和旁邊那男人都是警察找來的翻譯，語氣卻沒有不耐煩，對於枯坐幾小時展現出驚人的認命，她從袋子裡掏出一本英文字典，邊查起單字。閒談時，男翻譯問起他的英文如何，我鼓勵他，這已經是

警官巡視

路人警察、女翻譯、我、男翻譯

我在哈薩克聽到最親切的發音了！

筆錄到一半，警官對翻譯講幾句話，轉述給我的是：「你打算控告他們嗎？」這問題我早已反覆考量過，答案也早在幾小時前就決定了。

或許是我太過樂觀，但歹徒終究沒傷害我，我想到他們肯讓我保留護照，送我到邊境。這些中亞人需要的只是錢，鋌而走險，或許還稱不上是狠心。事件爆發後，鄉里都知曉他們的行徑，伊斯蘭教保守而嚴厲的傳統，自然會以他們的方式給予譴責。我繼續走我的旅程，其餘的交由他們自己決定，我無從干預，也無從得知了。

警官慢條斯理的完成爬滿蚯蚓的筆錄，挾著文件走上了二樓，放任我們幾個人乾瞪眼。後來有個長相很精悍的警察走進門，好奇的端詳我，然後說了些什麼，其他人淺淺的應和著他笑，翻譯才轉述說他想認識那位引起騷動的遊客。

我們仍等著，等我不懂的筆錄程序，時鐘就悄悄滴答滴答過了幾小時，我焦慮的到走廊傳達我的抗議，才總算盼得警官走下樓，點頭示意在場所有人都被允許離開了！

時間是下午五點，距離邊境封閉還有最後一小時。我心急，沒有勇氣去假設錯過時限，遊蕩在兩國邊界上的窘境。

精明警察開車載我、男翻譯和女翻譯前往前一天錯過的邊境：Chernyaevka廣場。此時人潮顯然比昨天少的多，男翻譯替我去問了，確定不對外國人開放。

唯一開放給外國人過境的關卡：Yamala，還在一小時的車程外。

女翻譯先向我們告辭；男翻譯告訴我，精明警察可以載我去Yamala，但要付他計程車車資，而且開價就是40美金。我信口先殺一半，男翻譯用俄文轉述給精明警察，和旁邊湊熱鬧的司機，所有人同時不以為然的搖頭，好像我說了很不上道的話。

男翻譯說這種價格是合搭計程車，要找計程車司機湊人，那他與精明警察就先說再見了。他的英文，單調的沒挾帶其他語氣，但我卻隱約聽到意義上的威脅。

交易最後是完成了，30美金，到邊境再付10美金，保證我到烏茲別克。

他們都清楚我的際遇，精明警察亮警證給我檢視，用意心照不宣。

Yamala，是座建在大草原上的崗哨，孤單駐守在偏遠的兩國交界處，我舉目所及沒有屋舍，也沒有那些熟悉的排隊等通關的吵鬧。

精明警察把車停在離柵欄一步的草地上，掀起一團飛沙。才踏出車門，一雙枯瘦的手就顫巍巍的遞到我胸前，原來有些人來到不毛之地，向外國人行乞的。我緩緩的凝視他們，回憶起阿拉木圖華麗整齊的街景，是這個國家的第一眼印象，但位

於遙遠的國界邊，最後一眼卻是諷刺的停在痀僂形骸的乞丐手上。

　　我應該是恍惚了幾秒，沒跟上腳步，所以這段時間裡精明警察和Yamala的守衛談好條件，我竟沒接受任何手續或檢查，幾秒後，就已經身在另一個國家。

　　精明警察不能再往前走了，柵欄和崗哨旁，我們在不同國家的領土上握手道別。雖然我猜想著，回頭他可能會塞點錢給崗哨，得意的清點他今天賺到的外快；但他也確實在時限內把我送出境。我用力揮揮手，向他，和他背後的土地說再見。

Good Bye

Mulan, Pacalin, and Kazakhstan.

CHAPTER THREE

烏茲別克

Uzbekistan

後續發展。
絲路的

公園裡遊手
好閒的警察

烏茲別克斯坦

Uzbekistan

　　漢武帝建元二年（西元前139年），張騫二度出使西域，開啟陸地上最長貿易線的紀元，從此東西方文化交融於貫穿歐亞的絲綢之路上，上演著霸主征伐、商旅交易和盜賊掠奪的戲碼。眾所皆知的絲路前段從長安啟程，途經敦煌和吐魯番，都還在中國的勢力範圍內，但絲路的後段在翻越天山開始，才是旅人真正的挑戰。

　　蔥嶺以西的絲路，走吉爾吉斯、費爾干納谷地、撒馬爾罕和布哈拉，從波斯（伊朗）通往君士坦丁堡，沿路布滿富庶的古都，長度幾乎達前段的兩倍有餘。

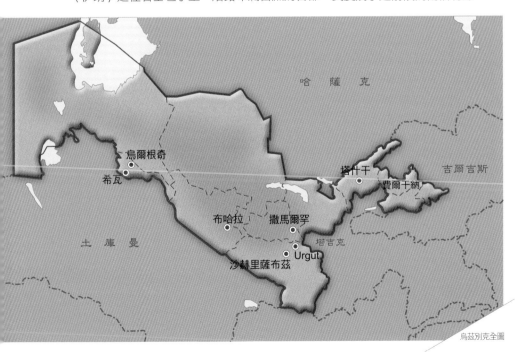

烏茲別克全圖

大規模的貿易文化，以長距離的運輸動物為基礎，而西域大宛（今費爾干納）能提供最優良的汗血寶馬，再加上中亞引進的駱駝，絲綢之路所以成形。除了西方對東方絲綢的狂熱，同時中國也急需坐騎，抵禦北亞的外族，互利的貿易才得以繁榮千年。

　　絲綢之路在13世紀到達巔峰，由於這個時期的烏茲別克位居絲路的中心，匯聚各地的宗教文化，一些著名的驛棧郡城，甚至比東方的神州還更耀眼。然而，自16世紀的大航海時代開始，絲路在蒙古和帖木兒的摧殘後動盪不安，逐漸退入歷史的布幔，撒馬爾罕也不再是世界中心，此後中亞便陷入漫長的沉默。

在世界的中心呼喊自由

　　烏茲別克的出現，在1924年成立的烏茲別克蘇維埃社會主義共和國，才定義了這民族的土地和身分，在此之前，中亞人都通稱自己是突厥語系（土耳其人）。

　　西元1991年中亞五個共和國宣布主權獨立，當時烏茲別克共產黨的第一書記伊斯拉木·卡里莫夫（Islom Karimov），理所當然的成為獨立後的

獨裁者，卡里莫夫在歷史博物館的贈言，呼喚人民的愛國心

第一任總統。共產黨改名為民主黨，憲法明文民主制，然而烏茲別克最終卻走向獨裁。

　　獨裁者皆如是，就像新疆的維吾爾，卡里莫夫給反對者貼上了恐怖分子的標籤，迎合911以來國際反恐的聲浪。這並不是說恐怖攻擊是對的，但幾乎反恐的政權，往往妖魔化異己的手段，更令人厭惡。反民主的卡里莫夫政府至今仍強悍的和國際作對，在烏茲別克大街上，警察隨時會盤查旅客的來歷和目的，相當的神經質。

　　烏茲別克是全世界唯二的雙重內陸國之一，雙重內陸國，意思是本身處於內陸，不鄰近任一海洋，同時所有鄰國也都是內陸國，在四面八方平均都相當的遠離海洋，另一個能完成這嚴苛條件的是歐陸小國：列支敦士登（Liechtenstein）。

財產與賄賂

　　旅客入境時都會領到一張財產申報表，主要的檢查項目是貨幣總數量，包括美金、烏茲別克蘇姆（som）和旅行支票，海關關心的是攜出境的金額，若少於入境

烏茲別克戲劇院樓
下有不錯的網咖

就不會有麻煩。我親自體驗過，也給了海關人員勒索賄賂的機會。

當初在塔什干收到家人的匯款，出境金額太多，海關提醒我已違反他們的規定，卻額外強調他們可以處理。我聽懂他們的貪婪，但也清楚絕不能示弱。談判在最開始就面臨獅子大開口，我表示要將錢轉交給實際上不存在的朋友，但算盤上打的是走出機場藏好錢，再跟他玩一場鈔票捉迷藏，果然海關不願放過外快，逐步的退讓。

其實，最開始填寫金額時，就不該和我一樣糊塗的老實回答，海關應該是不可能搜索身上的錢。真有違規，臉上都應該偽裝冷靜的面具，暗示他們我不好惹，他們也只想簡單的撈點油水，議價能力不見得比旅客高，最終還是妥協了。

烏茲別克登記

烏茲別克的登記和哈薩克完全不同，每一天的停留都必須取得一張登記卡，大部分的民宿和旅館都能協助辦登記，但不一定會主動的服務，也不允許事後補寫紀錄。最後在出境前，收齊登記卡，提供海關忽然興起時的檢查之用。因此在烏茲別

克盡量別當沙發客，不然對自己和沙發主人都可能有很多麻煩。

　　海關人員不一定會確實核對登記卡，儘管我遺漏費爾干納谷地的紀錄，但警察只忙著盯住財產申報的那筆錢，爭論著賄賂的價格，沒空提及我口袋那疊厚實的登記卡，否則真要追究，或許更沒有轉圜的餘地。

黑白匯兌

　　各民宿都有提供美鈔兌換烏茲別克蘇姆（som）的服務，匯率也算合理，2009年大約是1美元換算1,800som；旅館的匯率差很多，大約只換到1,500som。

　　據說巴札偶有所謂的黑市商，我在撒馬爾罕附近Urgut的假日巴札，看到一位日本男孩被烏茲別克人包圍，活像個被圍捕的獵物似的，而他

黑市包圍
住白襯衫、揹
背包的日本男孩

本人竟然和蹲在桌上的男子點算鈔票，談笑自若，看了都捏把冷汗替他緊張。他朋友告訴我，那是匯率2,000som的黑市。日本男確實是撿到了便宜，但並不是每個人都敢和黑市交易，眾目睽睽下，做買賣總是沒安全感，誰知道背後會不會有人不懷好意呢。

三過塔什干

　　塔什干是突厥語中的石城，唐朝時曾是石國領地，1930年成為烏國首都。

　　乍看下，塔什干的樣式確實和阿拉木圖相仿，高樓大廈林立，綠蔭處處，卻再添加些更濃醇的人情味。抵達塔什干的第一夜，我在舊城區迷了路，友善的居民聚在路旁爭著幫我出主意，我看見大媽撥電話給查號台，我也看見老先生找來他兒子，囑咐他，務必護送我到民宿。他兒子同樣是熱心，雙門小轎車在舊城區繞了幾遍，準確抵達民宿，老闆正前來招呼那麻煩的客人時，我正激動的向司機解釋說不盡的謝意。

　　隔天，我在新城區又是迷了路，一對衣著整齊的男女索性叫來計程車送我，卻說什麼都不肯收我的車錢，種種友善，在先前遇人不淑的我確實大為受用。若說阿拉木圖是紳士，塔什干該是個急公好義的慈善家吧！

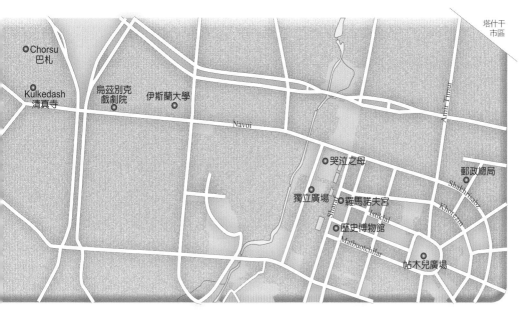

旅行基地

　　「B&B」指的是Bed and Breakfast，烏茲別克的民宿大多都附帶有早餐。

　　塔什干聚集最多背包客的Gulnara B&B是家族經營的民宿，成員包括父母和兩個兒子，大兒子是唯一說英文的，很多事情要透過他和老闆溝通；但若有特殊需求，最好是找老闆娘。當我在塔什干腸胃不適的那些日子，她每天為我準備稀飯和蜂蜜各一碗，說在中亞療法是有益腸胃，尚未入口，內心卻比舌尖更早嘗到暖和甜的滋味。

　　住宿包含了超級美味的早餐，優格拌Gulnara真材實料的果醬，足以在齒頰縈繞一輩子。

Gulnara掛滿爬藤的避暑中庭

Gulnara典雅
及傳統的客廳

散發緊張、老
金屬味的地鐵

地下鐵美術館

　　市區的subway有三條路線，在服務台買得到單程代幣，但似乎怎麼搭都是一枚代幣的進出。站內沒有親切的英文牌示，旅人得注意站名、或計算站的數目、還有搭乘的方向。儘管只有27站，但都營造出獨特的風格，有的是冷冽華美的宮殿，有的是明亮和煦的廟宇，列車來回穿梭在各場景間，是塔什干最迷人的特色之一。

　　由於西元1999年6月曾發生地鐵攻擊事件，大批警力至今仍留在地鐵站內，無止息的徘徊巡邏，遇臨檢時只要出示影本應付。有聽說警察會勒索，我曾因此被拘留在地鐵警局裡一小時，說什麼都不肯交出正本，最後是請站務人員來協助解決。

　　獲釋前，警察要我轉告其他的旅人，不要誤會塔什干的警察貪汙，這就讓人不以為然了！若說塔什干警察會當街行搶都不意外。我在巴札見識過警察隨手拿飲料、吃霸王餐，作威作福不用說，更有一次，遇到四個警察圍住老婦人，她坐倒地上，緊抱菜籃，淒厲的哭喊迴盪在巴札裡特別刺耳，猜猜看，究竟發生什麼事呢？

山窮水盡疑無路

　　旅行的尾聲，我身上剩不足1千元，眼看幾近連民宿都住不起，只好和家人嘗試各種匯錢方式，這才發現中亞屬於西聯的業務區域。西聯匯款（Western Union）始於西元1851年的美國，操作簡易，但手續昂貴，號稱是目前全世界最快速的匯款方式。台灣的台新和國泰都有據點，我也在大陸農民銀行看過宣傳，卻直到塔什干才終於受惠。

　　家人在台灣辦理好西聯，用簡訊傳給我一組簡單的密碼。十分鐘後，我攜帶護照和密碼，就能讓一大疊鈔票放進腰包，西聯適用於緊急匯錢的情況，方便的超乎

Kulkedash經
學院內院

巴札內

雨幕下的
Chorsu巴札

Kulkedash
清真寺

想像。塔什干的那間銀行告訴我，這竟是他們開辦西聯以來第一次作業。

Chorsu巴札，及舊城區

　　塔什干的舊城區圍繞著Chorsu圓頂市場，居民的生活都仰賴巴札交易，小販從圓頂下蔓延到馬路邊一整排，堆起的香料瓜果和外圍的日用品應有盡有。入口有幾位婦人端著盛滿乳酪球的方盤，我買了一袋，卻出乎意料的重鹹。

　　巴札外的水果堆，以鐵網分隔出不同攤販的區塊，叫得出和叫不出名的瓜各疊出金字塔，光哈密瓜就不僅一種色香味。當我猶豫的站在那幾座金字塔前面，語言不通的賣瓜販抓起一顆西瓜，比個大拇指就是最有力的保證。

　　兩座伊斯蘭建築都在Chorsu巴札旁的山丘上，Kulkedash經學院和清真寺，俯瞰圓頂市場的繁忙。經學院大門，正面對馬路要道和巴札區入口，卻意外的幽靜，流竄市場的喧嘩聲都被阻擋在外，小橋流水人家，我竟有置身於別墅的錯覺；而清真寺顯然是樸素的多，門外兩側攤販於小桌巾上叫賣香水，像另一座小型巴札，這天是在非祈禱時間造訪，進出清真寺的穆斯林稀稀落落的。

巴札外
西瓜堆

帖木兒廣場，及新城區

新城區以帖木兒廣場為中心，做放射狀散布，廣場中間是帖木兒的騎馬雕像，周遭另有納沃伊（Navoi）歌劇芭蕾戲劇院，及烏茲別克歷史博物館。

歷史博物館門票4,000som，英語導覽再另行收費。一樓擺置國境的全圖，二樓館藏從古代的烏茲別克說起，佛教的曇花一現、成吉思汗引來的遽變，時光流轉，故事說到帖木兒的豐功偉業，那可真是一段精彩的史詩啊！

獨立廣場是另一處塔什干中心，整排白色大門長出幾對翅膀，三隻幸運的鵜鶘，翻飛交錯相疊；廣場內不是寬廣的活動空間，而是栽植著樹叢的花園，盡頭有尊象徵和平的雕像，日本人瑞團的導遊正在前面發表演說。面對廣場的左側是議會大廈，右側穿越樹林，另一端有哭泣之母，紀念在二次大戰期間戰死的數十萬烏茲別克人，黑色瓷磚上一盆不滅的赤燄，和阿拉木圖的潘菲洛夫公園幾乎如出一轍。

其實塔什干的景點眾多，是個新舊紛呈的奧妙首都，盤留了數天，我仍錯過許多只曾在聽聞中的地方。精彩的假日巴札、現存世界最古老的可蘭經、還有帖木兒後代、蒙兀兒帝國可汗的祖父所長眠於塔什干的陵墓。從納沃伊文學博物

獨立廣場
的藍天

帖木兒公園

塔什干市中心
的帖木兒像

歷史博物館有出
土的佛教文物

納沃伊劇
院的外牆

獨立廣場和參議
院大樓間的水幕

未開放，但
絢麗雅致的羅馬
諾夫宮（Romanov）

伊斯蘭
大學

哭泣之母

館走了出來，繞前、繞後，我始終都沒找著它位於塔什干伊斯蘭大學的入口。

台灣？好久不見！

　　同住Gulnara的台灣人Louis比我晚兩天到塔什干，自從離開烏魯木齊，總算又再度遇上同鄉。連續幾晚我熱切和他聊著我的旅行，也才知道那年夏天，台灣遭到莫拉克的襲擊，水患山崩，災情慘重，我卻深入內陸而一無所知。

旅行筆記

● 烏茲別克航空有從塔什干對飛首爾、曼谷，其中曼谷機票會略便宜。

● 烏茲別克收得到台灣來的簡訊，Skype則不一定打得通，各城市都有網咖。

● 全國在夏季極炎熱，中西部尤甚，中午前後最好是躲進室內。全年雨少，天山的融雪是主要水源，我只在塔什干遇過一場小雨。

● Gulnara B&B很難找，從Chorsu巴札沿著納沃伊（Navoi）路往西，遇到第一個往右的爬坡就是路口。Gulnara是在斜坡巷子內的左邊，約走一分鐘就到了！

● 塔什干的餐廳基本上都很實惠，到烏茲別克絕對不能錯過的是兩串吱吱叫的烤肉，配上淋過醋的小洋蔥圈。

● 物價和台灣相當，水果和飲料比台灣略為便宜。

● 警察不一定會找麻煩，但護照和簽證影本最好是在入境前準備好。但也因為警察管的嚴厲，客觀而言烏茲別克的治安就是比一般印象好很多。

● 約一天的行程可逛完塔什干，是否逗留就全憑個人喜惡。

富饒，與征戰山谷

　　費爾干納（Fergana）山谷位居中亞的核心，雖然判給了烏茲別克，卻和塔吉克、吉爾吉斯同樣的密切，它有著烏國近三分之一的居民，是相對繁榮的地區。

　　據說於西元前329年，亞歷山大大帝東征的終點就在費爾干納山谷，為了慶祝跨越歐亞非三大洲的帝國誕生，遂在山谷的西南側修建亞歷山大的第九座堡壘據點，稱為極東亞歷山大。這座城就是後來的列寧納巴德（Leninabad），今日塔吉克斯坦的第二大城：苦盞（Khojand）。西漢時，費爾干納山谷被稱為大宛國，是西域最富庶的國家，肥沃的土壤飼養出最優秀的汗血寶馬，所謂大宛馬，自此傳入漢家。

　　為了防堵費爾干納的民族主義，蘇聯當時，史達林把疆界切割的異常複雜。雖然烏茲別克有大部分土地，但山谷內竟擠入三個國家，以致今天爭議不斷，民族鬥爭、獨立運動、宗教活動，這裡是中亞的不定時炸彈，全世界最動盪的地區之一。

費爾干納谷地，
與其周邊地圖

闖進谷地

　　情勢依然很不確定，沒有大眾交通被允許開進費爾干納，只有計程車頻繁往來於山巒谷地。我在塔什干廣播徵人，兩天後，我、Louis決定和英國阿姨Bally分攤車資，越過天山隘口和層層的哨站，到嚴密監控下的費爾干納。

　　儘管我一直避免結伴同行，也漸漸的，學會去享受孤單旅行的自在；但前幾天經歷過哈薩克案件，有種因維持警戒而累積的疲憊，和壓抑的寂寞始終揮之不去，逼視我無法再忽略它。旅伴，是因應情勢，也是短暫的歇息。

我們的計程車

　　我們的默契是，行程盡量配合一起，分攤的價格則要三個人都能接受。我當然樂意有Bally阿姨替我扮黑臉，和司機討價還價，在火車站旁找到好價格

費爾干納谷
地西北角

後，我和Louis被塞進破舊的後座，計程車上路，從谷地的西北方進入。經過上坡的檢查哨前，三個外地人乖巧的進崗哨找警察，哨桌後的警官似乎只粗略檢查護照。於下谷地前的最後一座崖上，司機宣布放風幾分鐘，我們看見谷地已近在眼前了！

我和司機

費爾干納市

谷地內的第一站是名為費爾干納的城市，一座既年輕又重度歐化的城鎮，本身沒什麼特色，卻因位於谷地的正中央，是旅行最好的起點。

我們在民宿安頓好，先到最熱鬧的巴札去報到。其實巴札大多相似，但總是每座城市最理所當然的保證景點，我們在瓜果區挑了兩顆喚不出名的瓜。我苦於腸胃不適，向少婦買一袋鷹嘴豆，聽說鷹嘴豆專治腹瀉，但豆子表面就髒兮兮的，看起來倒很有吃壞肚子的嫌疑。另一方面Louis找到小得可憐的魚市，原本我們擔心是不新鮮的冷凍魚，談好價格，老闆拎起活蹦亂跳的魚走進隔間，當晚餐桌上就多道清蒸鮮魚。

馬爾吉蘭

我們於費爾干納的巴札旁，找到開往馬爾吉蘭（Margilon）的小巴士，不到半小時，巴士停在馬爾吉蘭主街的十字路口，馬路正對面的鐵架就是中央農貿市場。我和Bally阿姨發現購物袋攤販竟掛滿從大陸來的米袋，斗大標題：東北長白米，令人莞爾。

馬爾吉蘭的街頭四處埋伏著驚奇：賣嬰兒導尿管的男子沒理由的頻推銷，根

民宿的庭院

堆在巴札外的馬鈴薯山

生

Khonakhah清真
寺小巧的正門

路邊烤饢

Bally阿姨
和男孩們

本不在乎我們未成家；Khonakhah清真寺是馬爾吉蘭的信仰中心，但我們失望了，清真寺每個角落都在施工，一片狼藉。有人說，旅行是認識一個人最殘忍的過程，Bally阿姨真讓我聯想起電影「曼哈頓奇緣」的吉賽兒，隨時的和當地人熱絡，直到我們即時拉回她的注意力。

　　一不留神，不知道她是哪找來一群小鬼，跨坐在高大的腳踏車上領我們到Yodgorlik工廠，天下沒白吃的午餐，最後是Louis以幾片口香糖打發他們。

絲綢的故事

　　絲綢，並不是絲路上唯一的流通貨物，卻是最主要、影響最廣的商品。在西方國家眼中，絲綢代表著中國強盛富庶的印象，因而深深憧憬著東方。據說羅馬人一度還誤以為絲綢生長在樹上；中國也常將絲綢當做兩國間的友好贈禮，在很長一段時間風靡過歐洲，甚至到達埃及，連埃及豔后也為之瘋狂著迷。

　　漢代所開通的絲路貿易線中，馬爾吉蘭可能是谷地內較早接觸到東方商旅的，原本絲綢是中國的不傳之祕，但傳說在那位把桑葉和蠶繭藏於髮髻裡，遠嫁西域于闐（在今日新疆）的唐朝公主之後，馬爾吉蘭人也漸漸的知悉絲綢製法。想不到千百年後，絲綢技術在這開了花，現已發展成為世界級的絲綢重鎮，中亞各地販售的絲綢都產於此。

絲綢之路

　　這全世界第三大產絲國奠定在Yodgorlik絲綢工廠，全程導覽都英語解說，並完全免費。導覽人員介紹說傳統的絲綢加工程序，沒連接任何自動化機械，和1,500

尚未下鍋
的蠶繭

馬爾吉
蘭織女

從染缸出浴
的蠶絲束

纏在滾輪
上的蠶絲

清洗蠶絲

紡織機

年前並無二致。有些農民會在家兼職蠶繭養殖，幼蠶一天可吞足300斤的桑葉，當蠶種結繭後，農民就販賣到工廠，讓工廠接手名符其實的抽絲剝繭。

　　導覽帶我們走進路旁的倉庫，濃郁怪味撲上鼻，Louis差點沒崩潰的走出去，我不禁皺眉，雖說稱不上是噁心或反胃，但也絕不是舒服的氣息。

　　房間內四、五個大鍋子正呼嚕呼嚕的，烹煮看似湯圓的湯汁。傳統取絲的方法是把蠶繭丟進大鍋裡，煮軟了再把

線頭理出來掛上一旁的輪軸，一次掛滿幾十條絲，轉動車輪的同時能把絲線帶上輪框，就繞出一綑綑的線捲。我幾乎能想像到抽拉著蠶兒衣服的線頭，當絲線殆盡，蠶兒也烹死在墨色湯汁裡，只漂著桂仁般的屍體。

取出的整捆蠶絲束被晾掛上鋼條，浸泡在染缸內。這間倉庫有兩名工人在鍋爐旁守著，不時的攪動沉重布條時，蒸騰的水煙也從缸裡洩出，最後到水缸抹去多餘的染料。

導覽告訴我們，染料有區分成自然色和人工色。自然色例如綠色，是由植物種子所提煉而製；而人工色例如藍色，是在工廠調配出來的，其實顏色沒有明顯的影響，也不會因此就不容易褪色，但往後品味絲綢時，仍會不自覺挑選自然色的布料。

色彩最豔的房間內，放置著兩排、十幾具木製的紡織機，這些纖細的機器也不靠電力運轉的，光是腳踩就能噠噠噠的工作。年輕活潑的織女們正彩繪美麗的圖案，看見外人參觀，便擱下手握的木條，絲毫不肯放過和觀光客聒噪的機會。

紡織機上有幾根細長的木板子來回擺盪，我嘗試以肉眼捕捉織布的原理，但它的速度令人目不暇給，只見殘影連連，沒過多久就昏花了視線。

造訪瑞希頓大師

瑞希頓（Rishton）是個小地方，但世界級的陶藝大師Rustam Usmanov就居住在這個城鎮，他的陶瓷，和馬爾吉蘭的絲綢，都是現代絲路上常見的商貨。

Rustam Usmanov大師的博物館

瑞希頓剛結束禮拜的穆斯林

費爾干納的補鞋小弟，專業又客氣

腳動拉胚
的小徒弟

各種造型
的瓷器

瓷盤一
條龍

費爾干
宿的最後

　　我們司機熟練的直驅Rustam Usmanov家門，同時也是他的工作坊，如今是瑞希頓最出名的陶瓷博物館。後頭有兩個小徒弟見到我們進門，一個踢動起轉盤，雙手虎口把黏土順出各種線條，和台灣陶藝的拉坏倒沒有不同；另一個捻起毫筆，專注的為瓷盤描上幾何線條，我不禁咋舌，盤上如此精細的紋理竟然是心力的結晶，牆上桌上，百來具圓盤找不出同樣式，這究竟需耗上怎樣的功夫。Rustam Usmanov說他們只在非觀光旺季的那半年工作，另半年則專注於觀光客、旅行團和巡迴各國的展演。

　　很意猶未盡的，司機載我們再到另一位陶藝大師Alisher Nazirov的工作坊，它的庭院相當文藝。我們注意到作品較少對稱圖像，卻攀上更多飛禽，更有鳳凰展翅於盤緣附近，中央留出大片的空白，造型也較多變，幾尊阿凡提瓷偶在桌上列隊歡迎。

　　財力厚實的Louis先後買了不少茶具，沿路謹慎的抱回到塔什干。

走！去烏茲別克夜店！

　　Bally阿姨聽說費爾干納的街上有間夜總會，慫恿我們去夜遊。儘管我一直避免在夜晚出門，但有了旅伴，膽量也隨之壯大，費爾干納的夜風吹的心情如此舒暢。

　　我們有一小時在欠缺照明的路口，摸黑尋覓著招牌是Bravo的店，卻一個瞬間徹底的失望。費爾干納的夜生活，終究不像我們世界的燈紅酒綠，只有店內水缸和霓虹燈在無力的泛著藍光，沒有醉茫的酒鬼，也沒有動感的節奏。我們喪氣的在桌邊坐下，舔起香草冰淇淋，店員自顧自的陸續把桌椅搬進店內，準備打烊了。

　　隔天，Bally阿姨先一步趕她的旅程，我和Louis併其他背包客的計程車，前往到山谷西側的大城，曾是一國之都的浩罕。

浩罕，
可汗宮

浩罕汗國的興亡

17世紀左右，浩罕（Kokand）汗國建於費爾干納谷地，立國者是欽察汗國的後裔，疆界大致上是谷地和吉爾吉斯。浩罕最強盛的時期幾乎掌控中國和俄國之間的通道，從中獲取龐大的利益，商業帶動文化，城內建起百座的清真寺，不亞於聖地布哈拉。

到19世紀中葉，是帝國主義橫行於各殖民地的年代，俄國已跨越西伯利亞，新征服北高加索（車臣），打通中亞的外門，正要從北亞南下擴張，此時大英帝國從印度北上發展，中亞終於被兩大強權盯上。所謂The Great Game類似冷戰，是指英俄不正面衝突，在中亞各處劃勢力範圍，暗地窺探對方的活動，爭奪更多這塊土地的主導權。這是由於中亞深居內陸，周遭的部族、汗國繁雜，影響力難以長驅直入。

浩罕汗國正是英國侵略滿清的傀儡，透過地下活動，默默支持新疆回族的叛亂，西元1864年喀什內亂，浩罕趁機入侵並扶持穆斯林政權獨立，新疆很快就淪陷。滿清大臣左宗棠在1876年率領大軍翻越塔里木盆地，一年內平定新疆回亂。這起事件引起滿清對新疆的重視，設立藩郡，自此也確立了中國西北疆界的範疇。

但俄國的動作更快，早在1868年就南下和布哈拉汗國合力攻破塔什干，於強大壓力下，浩罕同意成為附庸。此後到1884年，英國終究輸了這盤The great game。

浩罕可汗居住的可汗宮建於1873年，然而可汗卻無福安享宮殿太久。在完工後的第三年，浩罕內外動亂，擋不住左宗棠的大軍鎮壓，俄國以保護附庸國為由出兵，輕而易舉的就攻下可汗宮，浩罕汗國自此走入歷史。

可汗宮

可汗宮所在的穆其米公園（Muqimi）是居民的活動中心，這天恰逢假日，公園內擠滿小販和遊客，門口一攤竟然也賣造型氣球，那被孩童吵鬧圍繞的畫面這麼眼熟。我拍拍背包，笑著對Louis說，等一下咱們就來搶他的生意！

現在可汗宮大部分房間都被改裝成博物館，彼此以庭院小徑連結，引領著早就被規劃好的遊覽路線。我們照著順序，議事廳和可汗房在最前面，該有的奢華裝潢被保留下來，或許是可汗宮較晚完工，你可以看出它受俄國影響的蛛絲馬跡，隱伏於傳統的花紋和裝飾；我們匆匆經過了幾個小博物館，後面仍有許多宮殿沒有開放。

我們又回到穆其米公園的熱鬧，在可汗宮前，有座白色的大水池，據說是以前嬪妃們戲水玩鬧的天堂，現在變成當地的兒童樂園，充滿了嬉笑聲。幾十個孩童尖叫的穿梭在水池中央的狹長走道，兩側的水間歇性往走道潑灑過來，我們見狀，也興致高昂的脫下鞋襪，走上溼溜溜的走道。我這才膽顫心驚的邊走邊憂慮，如果哪一步沒有踩穩，下面水池有半個人之深，隨身物品只怕會報銷一半。

公園的一側，有個男人在鼓譟中唱起歌，我在浩罕看到了其他城市所沒有，數百人齊聚一起製造熱鬧的畫面，這是我們在費爾干納谷地的最後一站。

後宮花園間的小徑

可汗後宮

無盡爭端

近代，費爾干納像座火山般間歇噴發。西元1914年一次世界大戰延燒，再加上十月革命後一片混亂。1918年中亞人民於浩罕成立穆斯林自治政府，沒料到俄共紅軍對浩罕發動突襲，死傷上萬，伊斯蘭建築不是被摧毀就是查封，那些足以和布哈拉並論的古蹟，大多從此消失在世界上。其後西元2005年，位於谷地東側的安集延地方政府，逮捕了數十名據說資助激進分子的商人，引起民眾對政府的抗議，暴力鎮壓下，數百位平民喪命，也象徵著烏茲別克鞏固極權的天安門式屠殺。

可汗的親水公園

就在2010年5月，谷地內的吉爾吉斯第二大城奧什（Osh），發生烏茲別克族和吉爾吉斯族的暴動，造成至少兩千人死亡，超過七萬名難民越過國界遁逃到

費爾干納公開的表演活動

安集延。WHO估計總共有三十萬人因此流離失所，最後逼得政府不得不封閉國界。

旅行筆記

- 費爾干納谷地氣候溫和，蚊蚋隨之而猖獗，是個會想念防蚊液的地區。
- 谷地對外的交通受限於小黃，但谷地內仍有頻繁的巴士和計程車往來各城市，費爾干納和馬爾吉蘭的巴士都在巴札的附近，城鎮名稱都是關鍵字。
- 物價相當於塔什干。
- 雖說常是情勢緊張的地帶，但大部分旅遊區其實都很安全，路上警察也不見得比塔什干多，況且谷地居民的活躍在中亞是出了名的。
- 約莫兩天就可以包車逛完谷地，若深入各城市會耗上很多倍的時間。

來自天方夜譚的綠洲。

火車站的

布哈拉

Bukhara

　　有關布哈拉（Bukhara）的刻板印象，是後來才從我的回憶裡誕生。那是個沙漠中的海市蜃樓，浮現出流竄金光、水聲和棕櫚樹影的綠洲，卻像籠罩著面紗般不實際。我想像著千年前的商旅會不會質疑自己的雙眼，隨Kalon宣禮塔的呼喚，走進傳說之城。

　　這可不是孕育文明的美索不達米亞，中亞的河中地區，是指阿姆河和錫爾河沖刷灌溉的範圍。當鹹海還是世上第四大內陸海的年代，聚居最早遷移到此的原住民，除了布哈拉和撒馬爾罕，著名的希瓦、烏爾根奇和梅爾夫也圍在河中的附近。

　　西元1997年，布哈拉歡慶他們的建城2,500年，是主要的古都之一。

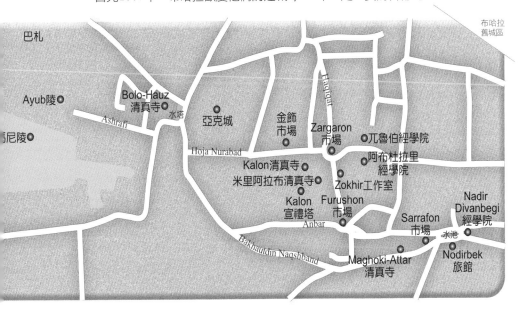

布哈拉
舊城區

走進布哈拉

前往布哈拉

　　站在塔什干火車站售票口前，天色很沉，時間有點趕，我倉促下一個足以後悔十小時的決定，火車上整夜我都反覆回想著自己當時的魯莽。

　　售票員兩眼盯住螢幕，嘴則向我詢問車廂種類，那時候的我分神於排在我後面冗長隊伍的焦慮上，答案擅自從口中鑽出：「二等艙票。」但真

絲路傳說，水池畔的也是阿凡提雕像

正的懊悔是站在車廂前那刻開始的，我震驚的看見所有床位，都毫無遮掩的架在走道左側，地面到車頂的高度被平均分配給三張木板床，任何成人都別想在床上直起身子。整體看過去，倒像是難民營或軍隊的車廂，我的床板子，正好被包夾在兩位從杜拜打工回來的年輕人之間。

　　極度缺乏安全感，我在邊境感染的被害妄想症囂張的發作了整夜，只有抱著行李時才敢淺眠，然後被自己製造的惡夢驚醒。好不容易盼到日出，難民們魚貫步出車廂，背著光，走在布哈拉的月台，眼前模糊的像是半個月前的突厥斯坦。

Attar清真寺
形狀獨特，材
質也較粗糙

宗教聖地的變革

　　伊斯蘭教之前，中亞的主要信仰是崇拜自然的薩滿教，和源自波斯的祆教。祆教又名拜火教，現在許多的建築上依舊殘留著祆教的影子，文化也兼容了祖先的傳統，跨過火焰至今仍是中亞的禁忌，或許連他們自己也說不出個所以然。

　　古老的Maghoki-Attar清真寺背負著一段乖舛的命運。5世紀左右，原本是座祆教教堂，阿拔斯王朝在9世紀把它改建成清真寺；13世紀被布哈拉居民藏在地底，幸運的躲過後來成吉思汗瘋狂的破壞；到16世紀的昔班尼汗國把它掘出土，雖然經過修復了，但Maghoki-Attar清真寺逐漸被猶太人當集會場所。

　　猶太人曾是布哈拉最獨特的民族，精打細算的商人，也是絲路貿易的主力，城內仍遺留有猶太區，但他們大多已回到故鄉以色列。

Maghoki-Attar清真寺

　　Maghoki-Attar清真寺不像其他安樂退休的古蹟，至今仍然在服務，卻是座地毯博物館，上千年的磚瓦台階被小販鋪上展示毯，掩蓋了一切。店員在門外招呼我參

Attar清真寺
入口很有古老
神廟的氣勢

觀，我進到矮寺內晃一圈，卻沒看到多次變革的宗教痕跡，惆悵若失。店員看不懂我的行徑，一直不放棄，把我的注意力拉往鮮豔的厚織地毯。

傳說的開始

大唐年間，布哈拉名為安國，曾是中國歷史上勢力範圍的最西方。當阿拉伯的阿拔斯王朝（即黑衣大食）進占河中，適逢安西節度使高仙芝滅了石國（包括塔什干和希姆肯特），殺害他們的可汗，而石國是阿拉伯帝國的附庸。於是，彷彿是早就註定般，兩大帝國終於在怛羅斯，現今哈薩克的塔拉斯（Taraz），開啟了751年的怛羅斯之役。

唐朝聯軍很快的潰敗，被逼入吉爾吉斯，從此中國疆域就再也越不過天山。遭到逐出的還包括佛教勢力，緊接著阿拉伯帝國帶來的新文化，確定伊斯蘭教成為中亞最主要的信仰，之後霸道如成吉思汗，也踏不平這宗教的火燄。

怛羅斯戰役後幾年，阿拔斯王朝的控制力漸弱，西元874年，栗特人成功獨立的薩曼（Samaninides）王朝是段黃金時代，首都布哈拉成為聖地，誕生伊斯蘭棟樑的美譽。

神祕的布哈拉老巷內

傳說，阿拉伯著名的故事集《天方夜譚（一千零一夜）》就發生在薩曼時期，取材自波斯和中亞地區的民間傳說。那位擅長說故事，阻止國王暴行的宰相女兒，可能是中亞古城，土庫曼的梅爾夫（Merv，意為世界女王）的居民；而膾炙人口的《阿里巴巴與四十大盜》，則是來自布哈拉的童話故事。

阿里巴巴與四十大盜

我在烏魯木齊讀到布哈拉的天方夜譚，只覺得難以想像，以往天方夜譚僅侷限在阿拉伯地區。記得Nancy在我踏上旅途前提醒：「去布哈拉確認阿里巴巴的真實性。」

若說有什麼蛛絲馬跡，大概就是阿里巴巴曾賣過柴的古巴札，以及強盜頭子投宿過的驛站。直到今天，古城內的巷弄依舊像座迷宮，胡亂的延伸、沒有理由的轉彎，或許這也是無奈的強盜頭子不得不畫上圓圈，藉以辨認阿里巴巴家的緣故吧！

即便是外圍街道，也很容易走失方向

黃金年代

在許多的故事裡，布哈拉是西方人心目中的傳說之城，裱裝了它的神祕。

薩馬尼陵（Samanid Mausoleum）是薩曼王朝的蘇丹：伊斯邁‧薩馬尼（Ismail Samani）在西元905年建造，葬著伊斯邁和他的父親。

薩馬尼陵的出色，來自燒磚技術和各式迥異的磚瓦排列方式，據說在不同光線下，會呈現出多種的色差陰影。再加上方柱穹頂的造型，是波斯祆教少見的建築技術，有別於布哈拉其他標準的伊斯蘭建築，被視為中亞的經典、布哈拉的奇蹟。

幸運的是，在1943年出土前，薩馬尼陵一直深埋於地底下，當蒙古軍隊行經布哈拉時，並沒有發現腳踩著這麼一座王墓。

Chashma Ayub陵

關於薩馬尼陵旁的Chashma Ayub陵，目前抓不準它的年紀，只知道大約介於花刺子模到帖木兒帝國前後的幾百年。

傳說Ayub陵來自於舊約聖經的約伯（Job）記。聖人約伯行走於中東和中亞，曾在布哈拉以手杖敲擊地面，湧出一道治百病的泉水，後人就在泉水旁蓋了這座Ayub陵，彰顯了聖泉的存在。儘管這似乎該是屬於基督教的傳說，Ayub陵的造型卻和城中伊斯蘭的建築沒兩樣，除了後面的尖塔外，分不清楚宗教錙銖必較的界線。

親切的坐落
在公園裡的
薩馬尼陵

彷彿是精
巧的模型

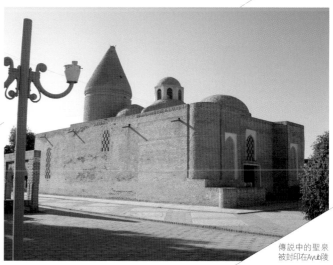

傳說中的聖泉
被封印在Ayub陵

Bolo-Hauz清
真寺美輪美奐
的整排樑柱

Bolo-Hauz清真寺

　　Hauz是水池，Bolo-Hauz是指水池之上，Bolo-Hauz清真寺最早也是薩曼王朝的建築物，在王朝各蘇丹的努力下，Bolo-Hauz同時融入一些祆教的風格。

　　但它可沒有及時的躲進地底，終究毀在蒙古人手上，1718年Bolo-Hauz重建後，是布哈拉汗國可汗祭神的場所。清真寺內有20根精美的柱子聳立，半開放引來清幽的環境，參觀這座布哈拉最美的清真寺是不收門票的。

蒙古來了

　　記載傳說的年代，淹沒在13世紀蒙古鐵騎的馬蹄踐踏，除了薩馬尼陵和Attar清真寺被埋於土中，只有Kalon宣禮塔見證過最初的聖地，毀於成吉思汗的破壞下。

　　Kalon宣禮塔建於西元1127年，伊斯蘭棟樑和蒙古之間的幾年，塔高47公尺，表層有14道不同花紋的環狀雕飾帶，單調的樣式，重複堆疊起複雜的美感。

　　在塔吉克語中，Kalon是偉大的意思，宣禮塔，或稱喚拜樓，是伊斯蘭清真寺附近常見的建

從水塔上俯瞰樹林池畔的Bolo-Hauz清真寺

築。在一天五次的禮拜時間，報時者用擴音器播放響徹全城的音樂呼喊，集合信眾朝聖地膜拜，這就是伊斯蘭教的五功之一，禮。

很長的一段期間內，Kalon宣禮塔一直是全中亞最高的建築物。據説當蒙古大軍踏進布哈拉，行經Kalon宣禮塔時，他們驕傲的首領仰頭而掀落了帽子，撿帽的同時，成吉思汗生平第一次彎下腰致敬；他對宣禮塔大為驚嘆，下令不得有絲毫損壞，但旁邊的清真寺或神學院都逃不過變成平地的命運。幾個世紀過去了，在1920年，俄共紅軍從塔什干大舉進攻布哈拉，槍林彈雨中Kalon宣禮塔被砲火轟去了一半，居然奇蹟似的始終屹立，撐過兩次毀滅性的人為破壞而能保留至今。

布哈拉的Kalon宣禮塔另有獨到處，曾是絲綢路上指引商隊的陸地燈塔，為布哈拉的商業作出貢獻；也曾一度淪為執行死刑的工具，在法官念完那句：「願真主赦免你的靈魂」，劊子手就當眾把死刑犯從塔上推下來，Kalon宣禮塔，又別名為死亡之塔。

意氣風發的成吉思汗攻下布哈拉，站上米里阿拉布清真寺前的講台，向著城內的百名權貴，發表他西征的宣言：「我就是神對你們所犯罪惡的懲罰！」

這對於當時愚昧又迷信的人民有多大殺傷力？後來惡魔宣言一路傳到歐洲，震撼所有的國家，還沒開打就輸一半，蒙古軍隊的西征也更勢如破竹。

米里阿拉布清真寺

這座米里阿拉布清真寺（MiriArab）在Kalon清真寺的對面，成吉思汗演説完立即被摧毀。

經過昔班尼汗國重建後，一直是布哈拉主要的清真寺。蘇聯統治年代，為了打擊宗教團體的活動，查封全烏茲別克的清真寺，米里阿拉布清真寺是當時

直沖雲霄的
Kalon宣禮塔

宣禮塔基座和後來的
Kalon清真寺

唯二開放的其中之一。目前仍禁止遊客，只有攤販在門前拿著錄影帶推銷給觀光客，聊表介紹。

Kalon清真寺

　　Kalon宣禮塔和Kalon清真寺以一座空橋連接，唯一的入口在空橋上；Kalon清真寺是十六世紀昔班尼汗國時重建的建築，能同時容納一萬人做禮拜，是中亞第二大的清真寺，只可惜它仍在運作而不對外開放。

　　只被允許站在入口處觀望，我和清真寺的中庭還有段距離，往兩側看去，空靈的迴廊竟似是沒有個盡頭，只有深處傳來的風聲，幽幽勾引我走入禁閉的古蹟。

米里阿拉布清真寺
和它的寶藍色圓頂

Kalon清
真寺正門

絲路商隊的精華

　　16世紀帖木兒霸業落幕之後，昔班尼（Shaybani）汗國定都在布哈拉。開國者：穆罕默德‧昔班尼，生於1451年，他從西察合台汗國發跡，曾以突厥斯坦做封地。當北方內戰時，他在1500年率烏茲別克人進入河中，於布哈拉建立第一個烏茲別克王國。

　　昔班尼試圖在各方面超越帖木兒，多次出兵襲擊東察合台汗國和波斯帝國，開拓更大的疆土，並積極傳承撒馬爾罕的伊斯蘭文化。雖然16世紀是大航海時代的開始，大量的東西方貿易寧可繞過好望角，絲路流失了不少的商業利潤，但最初的衝擊還不甚明顯。布哈拉全面興起的300座清真寺和100座經學院，加上因應商業發展而興建的水池與市場，這是聖地最後，也最著名的榮景。如同16世紀的布哈拉諺語：「當世上其他地方的光輝總是從天上降臨地下，唯有布哈拉是從地下昇華天堂。」

　　Lyabi-Hauz，在塔吉克語中是指水池周圍，數百年來當地居民都依賴水池起居，就像印度人依賴恆河，飲水、洗澡、游泳，因此布哈拉的瘟疫也特別猖狂。本來水池還有上百座，直到一世紀前，俄國人來改善供水系統，排放積蓄經年累月的死水，只保留了這個居民離不去的精神中心。

漂浮在水池中的清真寺模型，狀似水燈

Kalon清
真寺主殿

Kalon清真寺
宛如白色宮
廷般的迴廊

好像來野餐
的小學生們

傍晚時分，
附近顯然已
經座無虛席

每晚都聚餐的
烏茲別克家庭

水池周圍

水池和江南池塘有幾分相仿，柳樹垂楊、湧泉不歇，池畔颳來的涼風拂過小腿邊，帶有些許的清涼。

但節目單上的宴會，是夕陽快被吞噬的時段才開演的，在傍晚時分，會點起環繞水池的盞盞燈泡，才布置好會場，茶座就已經坐滿用餐的居民，侍者穿梭茶座間，端上烤肉和飲料。當然茶座下也沒有閒過，貓和鴨子的圓眼直瞪視你的盤子，說是乞食，卻更像在呼喚你的心虛，直到你受不了而把廚餘拋下桌，牠們才肯找下個受害者。

我從不知道水池是什麼時候熄燈的，我只看到在隔天清早，連貓也在茶座上以最慵懶的姿勢於茶座呼呼酣睡，你能說布哈拉不是可愛的地方嗎？

Nadir Divanbegi經學院

水池東西兩側各有一座Nadir Divanbegi經學院，建於1622年，是當時昔班尼汗國的大臣所建。

東側Nadir Divanbegi經學院現在是著名觀光景點，很多旅行團的第一站。大門上繪有兩隻鳳凰，入口處有間貨幣兌換中心，但匯率之差跟大飯店有的拼，大概是專門為了吃旅行團而存在

銅器師徒

的。經學院其實是紀念品攤的地盤，每間宿舍都有個特色商店，還有金屬師父示範著製作銅器，鏗鏘的敲打聲在土牆上激起陣陣迴音。

晚上的經學院裡會舉辦民俗與時尚秀，常被旅行團包下場子。在門口購票時可以選擇是否要附晚餐，門票不含晚餐5美元，侍者會奉上茶和裹著糖衣的茶點。

整場秀交互穿插了兩種表演：一種是民俗舞蹈和歌唱，舞者是一群傳統氣質很濃厚的少婦，演唱者還身兼整晚的主持人；另一種是服裝秀，就像常見的伸展台，上場的是臉孔精緻、身材高挑的模特兒，披著聽說是融入時尚感的傳統服裝。欣賞

了整晚，反倒覺得最後面那排合音，奏著不知名樂器的最是精彩。

圓頂巴札

在東西Nadir Divanbegi之後，昔班尼統治者建造了阿布杜拉里（Abdul Aziz Khan）經學院，它是座未完工的建築，也沒有經過任何的修復。現在神學士的宿舍也都被攤販們給霸占，但不難猜想，阿布杜拉里經學院不受觀光客的青睞，冷清到攤販打起盹來，卻也因此成了群鳥的樂園，磚瓦上蓋滿鳥巢，滴啾聲不斷。

絲路統治者向來不遺餘力的守護東西方動脈，取得延續國祚的資源，其中以昔班尼尤其重商，布哈拉形成繁華的貿易中心，成為當時絲路最主要的驛站城市。

沿著十字路口，布哈拉蓋起了最早的貿易市場，圓頂迴廊，有助於通風透氣，類似巴札的鐵架。最初還規劃了特色市場，讓各類商品分別在他們的圓頂下叫賣；現在的圓頂市場已無區別，幾乎都有販售針對觀光客設計的紀念品。

Taqi-Sarrafon市場

假如我和旅行團來到布哈拉，導遊很可能會指引我們到Taqi-Sarrafon市場買些

Zargaron市場

穿傳統服裝
的布哈拉人在
逛金飾大街

市場內是涼爽舒
適的購物天堂

阿布杜拉里經
學院門底雕塑

很引人注目
的服裝展

絲路上的紀念品。最早Sarrafon市場曾是貨幣兌換
商的聚集處，因為接近水池旁，圓頂下五花八門
的攤位，賣的都是標準紀念品和明信片等。

我注意到柱子上有扇門，裡面的樓梯可爬上
一間很時髦的服飾店，他們有自己的小博物館。
除了服裝之外，繪畫和金屬的藝術品也都有相關
展覽。

Taqi-Telpak Furushon市場

Taqi-Telpak Furushon市場和Sarrafon市場隔
著冷清的公園對望，本來是製帽和販帽商聚集
地，現在也是什麼都賣，例如門口第一家就掛滿
Chapon。Chapon是烏茲別克人在重要場合穿的厚
棉袍，大概就相當於現代人穿的西裝吧！

Taqi-Zargaron市場

Taqi-Zargaron是珠寶市場，位在Kalon宣禮塔附
近，相對於其他市場簡直是門可羅雀了。出口處現
在聚集金屬商店，鍋碗瓢盆沿路擺到米里阿拉布清
真寺。

金飾市場

Kalon宣禮塔和米里阿拉布清真寺的對面，有

個沒標在寂寞星球旅遊書上的市場,交易卻比圓頂市場更熱絡,這就是金飾市場。市場內有很多大嬸穿金戴銀的,捧著裝滿金飾的箱子沿街喊價,你來我往,處處都炫耀其他傳統市場所缺乏的活力和生氣。

　　烏茲別克人似乎都很喜歡bling-bling,路上看到金牙、金戒指的也不在少數。

布哈拉手工藝

傳統布偶

　　雖然最早是在Nadir經學院內的小攤販,被表情浮誇的布偶逗笑,但我回味再三的卻是參觀Iskandar Khakimov工作室,櫃子上展示每則故事中會出現的角色戲偶,聽不懂那些可愛的烏茲別克童話,是我始終難以釋懷的憾事。

　　原本我對布袋戲就有興趣,布偶師熱心的指點了水池西側的劇院內,每晚6點和7點各有一場布偶劇表演,但這天卻撲了個空,他們說沒足夠的觀眾就會取消場次,要我隔天開演前十分鐘再來確認。劇情內容是有關傳統婚禮,雖然演技略嫌笨拙,

卻穿插真人和布偶的對話歌唱，音樂相當動聽，在謝幕後獲贈手工布袋一只。

鸛鳥剪刀

水池建設之初，池中繁殖了大量的昆蟲和青蛙，導致水質變的很差，後來遷徙路過的鸛鳥在這築巢，把汙染水源的蟲蛙都吃乾淨，拯救了布哈拉。鸛鳥對布哈拉人來說是吉利的象徵，但後來水池改善，蟲蛙盡去，鸛鳥也漸漸在古城中失去了蹤影。聽說現在有些樹上和阿布杜拉里清真寺，仍留有牠們的舊窩。

鸛鳥剪刀就是根據鸛鳥所設計的，也是布哈拉的著名特產。在Zokhir Kamalov工作室看得到師傅於火爐邊鑄造剪刀。此外，也販售拆信刀等其他鐵器。

扇子

布哈拉扇子獨一無二，不是用搧的，而是握住木棍用轉的，讓四周所有人都能分享得到風，真正做到獨涼涼不如與眾涼涼，相當的創意無限。

在圓頂市場的紀念品攤位，只會買到鑲金邊和金線的深黑色絨毛扇子，這是專為觀光客設計的樣式。但我找到了在通往薩瑪尼陵和巴札的巷子裡，有當地家庭所經營的路邊雜貨店，賣的是當地人真正在用、各式紋理的扇子，略為粗糙，價格便宜一半。

雙陸棋

從哈薩克到烏茲別克，常常見到路

從造型可猜測布偶的職業和戲分

中間那尊顯然是國王，背景就是亞克城

真正是有在鑄造刀劍的傳統打鐵鋪

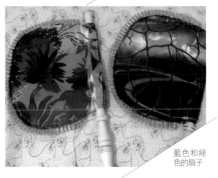

藍色和綠色的扇子

旁兩個人在左右方盤上，重複著先擲骰子，再把黑白棋子推來推去的，這就是backgammon（西洋雙陸棋，盛行於中亞和土耳其一帶）。和象棋不同，遊戲的節奏明快，思考時間很短暫，雖然布哈拉有人教過我規則，但棋盤的奧祕豈是三言兩語就能參透的呢？

丟著攤位不管去下棋的布哈拉人

中亞三國誌

　　昔班尼汗國滅亡的一個世紀後，中亞逐漸形成三個主要的小汗國：希瓦（Khiva）汗國、浩罕（Kokand）汗國，以及布哈拉（Bukhara）汗國。

　　布哈拉汗國定都在布哈拉，全盛時曾把浩罕和塔什干都納入領土。可汗繼承了昔班尼的血脈，亞克（Ark）城是他的主城。亞克城始建於西元五世紀左右，是布哈拉現存最老的建築，曾是運動場，在昔班尼時還有座蔓延12公里的城牆。

亞克城大門

城堡前是雷吉斯坦廣場，西元1838年英國派遣上校，來和布哈拉可汗談判英軍在中亞的活動，同年正是英軍第一次從北印入侵阿富汗，或許英國女王還希望拉攏布哈拉共同抵禦統一北亞的蘇俄，作為她在The great game的一枚棋子。但傲慢的可汗認為英國不尊敬他，竟把來使扣押，1842年處死於雷吉斯坦廣場。

事件傳回歐洲，在十九世紀極為強盛的維多利亞女王時代引起嘩然；或許對於橫行新世界港口的日不落帝國而言，中亞比世界盡頭更遙遠，最後英國政府竟沒有繼續追究下去。1880年，英軍第二次入侵阿富汗失敗後，就註定輸了The great game。

亞克城

目前亞克城已改建成博物館，斜坡轉角售票口賣門票5,000som，從壯闊的入城坡道開始，蜿蜒的石磚路徑輾轉穿越過攤販，左側監牢模型展示英國上校如何遭受

複雜的王宮內院

可汗就在這接見他的文武百官

通往城內的狹窄走廊

可汗王座

虐待。但真正的牢，是在亞克城後面的Zindon博物館的位置。

斜坡上是座清真寺，寺後是被砲彈炸塌的城牆廢墟。幾扇窗內說是博物館，卻深鎖著木製大門和木窗，通往宰相住宅的巷道迂迴的令人訝異，迷宮深藏在裡頭。

亞克城的正中間是可汗的大廳，一堵牆壁就擋在入口處，來者必須繞過牆壁才見得到可汗。但現在的可汗廳，卻被紀念品攤霸占，他們有提供在王位上拍照的服務，就趁著小販去廁所的機會，我和另一個背包客手腳俐落的自助拍照。但其實真正的王座被搬到隔壁的議事廳，也有當地人等著收坐椅子拍照的費用。我感覺他們都有霸占古蹟的嫌疑，若可汗地下有知，大概會氣的在雷吉斯坦廣場上處死他們一百遍吧！

水塔瞭望台

亞克城門前的水塔是蘇聯在1927年所建，有個老頭看守它，我邊付1,000som，邊懷疑他收過幾個瘋子的門票。往上的路途，我越爬越感到心驚肉跳，樓梯老舊狹窄就罷了，這才發現他們只用流刺網固定，劇烈的晃動不曾停止過。我手腳並用，緊抓背包，尤其穿過窄門，進入水塔的一段最驚險萬分，還驚擾到一對躲在水塔的男女。

辛苦肯定是值得的，在塔頂看一眼亞克城，會被布哈拉最壯闊的畫面感動到永遠。

俯瞰
亞克城

通向水塔的

近代的布哈拉

西元1868年，俄國入侵中亞，儘管曾一度同盟過，布哈拉仍緊接著浩罕淪為附庸國。最後一次舉辦的可汗加冕典禮是在1919年，此時The great game已經結算，蘇聯攻占了浩罕汗國，隨時準備併吞布哈拉，可汗同樣殺了蘇聯派來勸降的使者作為反抗。只是很遺憾，這次可汗誤觸逆鱗，惹到了沒有英國這麼好說話的對象。

隔年，俄共紅軍包圍亞克城，砲彈轟飛後半邊所有城牆，布哈拉汗國滅亡。

1993年布哈拉被登錄世界遺產名單之列，並持續的修復古蹟。由於先前修復撒馬爾罕時破壞了人與歷史的距離，考古學家很謹慎的重現真正的傳統生活，將近300座歷史建築讓布哈拉另外再贏得露天博物館的稱號，房舍和居民都是活生生的標本。

千年一刻的生活

聽說布哈拉也是有新城區的，但古城已龐大、完整，備齊了充足機能，以致沒有旅人有動機往外去探索，更可能是沒有那個閒暇。我們都貪婪的沉溺於布哈拉，享受每分秒在水池畔乘涼的氣氛，或被古蹟包圍住的富足感。賴著不走這些天，我依然懊惱沒更多的時間給布哈拉，仔細一想，只是對布哈拉的貪心不足罷了！

布哈拉B&B民宿很貼心的坐落在水池旁巷弄的古老大宅。隔壁的磚牆後可能是雜貨店或網咖，將居民生活串聯一起，我在這裡不是旅人，是歷史的一部分。

我住的Grand Nodirbek hotel是「寂寞星球」的遺珠，價格也算是貼切，經過血淋淋的殺價，單人房附衛浴和冷氣一晚只要16美元，但最引人入勝的是它的庭院，以及仿似柱廊清真寺的休憩區。有晚，我不想加入水池宴會，拖一張藤椅，在二樓的陽台仰望一整夜的星空，映入眼底的，和布哈拉都是千年前穿越時空而來的光芒。

古城外仍艱辛過活的布哈拉現代居民

女學生的制服

給觀光客拍照的傳統服裝

這是墓園看
守者的地盤

Nodirbek旅
館的庭院

孔雀行走其中

百年孤寂

　　從布哈拉的巴札外搭小巴士，往西越過檢查哨，十公里外是陵墓城Chor Bakr。

　　據説Chor Bakr葬著穆罕默德友人，建於昔班尼時期。後來有權勢的家族在附近圍出屬於自家的墓園，沿著走廊兩側

隨處可見
的墓碑

幾區，記載不同家族興衰榮辱的歷史。就像是馬奎斯筆下那個血脈消逝的邦迪亞家族，感受百年孤寂的遺憾，原本興旺的家族已找不出存在的痕跡，墓園看來都歷經歲月的侵蝕，缺乏修繕下，棺石散在地面、堆在牆角。

　　墓園裡蓋出清真寺，以及和蘇菲派有關的冥思廳堂，門外的地上仍擱著清真寺必備的五個時鐘，悄悄告訴我，陵墓城的生氣沒有和亡者同被埋葬在過去。

　　寂寥的空間裡，樹下有道輕微的挪動，立刻攫住我全部的視線，我仔細分辨保護色之中，竟是隻優雅的孔雀正緩緩拖曳牠的尾翼，旁邊還有五、六隻定格在草叢裡，配合著Chor Bakr氣氛，連一絲鳥兒該有的浮躁都沒有。有三隻孔雀棲息的圍牆後，長眠的正是那位Abu-Bakr，我繞過去，庭院裡又滿是陪伴聖人的墓碑。

Chor Bakr內的清
真寺和經學院

旅行筆記

- 關鍵字Lyabi-Hauz。在火車站向司機詢問，或找擠上最多乘客的巴士，車票
  500som。

- 市內雖有公車站，但大多仍倚靠步行，或租借腳踏車，一天10美金。

- 很推薦在水池用餐，尤其烤肉串的分量相當驚人。在Furushon市場會有男孩邀
  請到他家，品嘗當地婦人的手藝。可惜我對陌生人的防心居高不下，錯失了
  機會。

- 布哈拉的特產還有厚軟的毛氈帽、Chapon、以及地毯等手工藝品，打鐵鋪旁有
  間地毯製作中心。

- 除了Nodirbek，更多背包客住隔壁的Nasruddin Navruz，單人房附冷氣8美元。

- 從Chor Bakr回程時，在陵墓城對街就有公車站牌，十到二十分鐘一班。

- 水池旁有旅行社辦公室，可以安排在沙漠騎駱駝和露營的兩天行程，價格100
  美金。

穹蒼下。
藍色的

雷吉斯坦三
大神學院

　　若問到哪個城市位在世界的核心,最能代表中亞,毫無疑問是有著兩千八百年歷史的古都撒馬爾罕;而雷吉斯坦(Registan)三大神學院更是撒馬爾罕的精神中心。

　　適逢每兩年舉辦一次的撒馬爾罕(Samarkand)國際音樂節(Sharq Taronalari)於2009年9月落幕,據說當時數千人聚集在雷吉斯坦廣場,連帶撒馬爾罕物價都翻漲一倍。我和Louis曾猶豫要不要去參觀,但想到湊熱鬧的人山人海,就沒了興致。

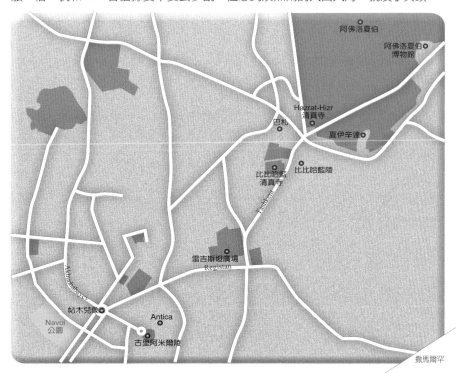

撒馬爾罕

國際音樂節自1997年由聯合國教科文組織贊助舉辦，台灣於2003年曾有原住民團體飛魚雲豹音樂團代表參加，在世界的中心唱出道地的本土歌謠。儘管台灣音樂大受好評，然而閉幕式那天，大陸介入力阻十個國家的音樂評審頒獎給台灣，並取消台灣團繞場的權利。這是台灣在烏茲別克嶄露頭角的一刻，卻不知道是第幾次被大陸否決。

前往撒馬爾罕

　　到火車站時已晚了，我和遲到的民眾被迫去體驗頭等艙，享受短暫的奢華。

　　很難解釋拉開車廂門的那刻，是怎樣感到驚豔的，因為窗簾、抱枕都是帶有精緻圖樣的暗褐色，車廂牆壁也特地選用暗色的木材，再加上缺乏光線的走廊，刻意布置出神祕感和幽暗色調，大概就為了高貴的形象吧！

前往撒馬爾罕的頭等艙

古西域

　　撒馬爾罕這個名稱是指肥沃的土地，原本就位在絲路的中心位置，很早成為歐亞大陸上

撒馬爾罕
火車站

的重鎮。西元前329年，亞歷山大東征到達當時的撒馬爾罕，曾不禁讚歎：「關於撒馬爾罕的傳說原來都是真的，除了比我想像的還要美麗以外。」

　　唐朝初期，玄奘受命前往西天（印度）取經，拜別長安的唐太宗後，沿著河西走廊（甘肅）出嘉峪關，在新疆經過樓蘭和車遲等西域古國。之後，玄奘繼續往西，從費爾干納到達了撒馬爾罕。對古代往來於絲路的商旅來說，撒馬爾罕是從中段分岔前往印度的十字路口，即使千百年後仍是重要的戰略據點，在當時市場上充斥中國、印度和波斯的商品，所謂「異方寶貨，多聚此國」，人數竟比今日的撒馬爾罕還要多。

　　據玄奘西遊記所載，當時撒馬爾罕國王篤信祆教，還曾一度放火驅趕玄奘呢！

　　隋唐時撒馬爾罕被稱為康國或颯秣建國，據說那位掀起安史之亂的安祿山也是撒馬爾罕人。他本姓康，胡旋舞是他帶到唐玄宗跟前的獻禮，這種來自撒馬爾罕的舞蹈轉起來疾如風焉，逗得李隆基龍心大悅，笑掉大唐持續百年的盛世。

　　13世紀初，撒馬爾罕是花剌子模王國主城，大唐西域記曾形容其極險固，隨著歐特拉被蒙古鐵騎殲滅，就成為成吉思汗西征的下一個首要目標。

　　這裡有個有趣的改編，來自金庸的射鵰英雄傳：「成吉思汗哨探獲悉，此城是花剌子模的新都，集結重兵十餘萬守禦，城精糧足，城防完固，城牆之堅厚更是號稱天下無雙，料得急切難拔，是以傳令四路軍馬會師齊攻。」

阿佛洛夏伯

　　千百年來，撒馬爾罕隨著河道變遷，多次的往西南方移動，現在的新城區就從雷吉斯坦往西幅散開來，往東則彷彿逆著時間流逐步回溯。東北方最悠久的，則是玄奘曾傳教過的故城，被郭靖攻破的古堡壘，當地人稱為阿佛洛夏伯（Afrosiab）。

　　從雷吉斯坦往東北走，我裹著炎夏熱浪、順著馬路步行30分鐘，終於看到阿佛洛夏伯博物館出現在左邊。博物館簡短展示阿佛洛夏伯出土的文物，但特別的是，主廳的三面牆是巨大且殘破的古老壁畫，在少數完整的片段，你可以看見騎馬士卒

阿佛洛夏伯的起點
藏在博物館後方

進入阿佛洛夏伯
遺跡的綿延荒野

阿佛洛
夏伯

同行的日本夫妻

隱約有城牆的形狀

和乘象的王公將領。這幅畫無論筆調意境,都充滿厚重的中國氣息,我想起國中課本上那些如出一轍的水墨畫,猜想它也和我一樣來自富庶的東方。

掛滿羊腿的禿木峰

「城牆邊那座高聳入雲的雪峰生得十分怪異,平地陡然拔起,孤零零的聳立在草原之上,就如一株無枝無葉的光幹大樹,是以當地土人稱之為禿木峰。」

幾天後,黃蓉獻計給郭靖,用冰凍羊腿接出一道攀上禿木峰的天梯,大軍空降進撒馬爾罕,這才攻破成吉思汗最感棘手的城池,為花剌子模劃下了句點。

我找到藏在博物館右後方草原中的小徑,模糊往北通往阿佛洛夏伯遺跡,至今仍有考古學家在荒煙蔓草中挖掘,探索當年花剌子模王國的故事。走在沒有方位的草地上,我很確定迷失了那條不確定感很重的路,已有十多分鐘;很幸運的,後面有三個身影也跟著我踏平了野草,是對日本老夫妻和他們的導遊,也有著古遺址的共同目標。

導遊小姐帶我們走過荒野,整理出正確的方向,最早的撒馬爾罕就在眼前:一座巨大的土堆,遠遠躺臥在遼闊的草原上,模糊中,維持住堡壘的模樣;但阿佛洛夏伯附近並沒有高聳山坡的痕跡,更遑論那座鬼斧神工的禿木峰了。

花剌子模覆滅

實際上,蒙古只花5天,就攻下號稱固若金湯天下無雙的撒馬爾罕;但由於蘇丹摩訶末在破城前出走,連帶的把蒙古大軍也引往歐洲,造成日後席捲歐洲各聯軍的哲別遠征;摩訶末最後是困死在裏海,撒馬爾罕也沒有因為郭靖仁慈就倖免於難,除了少數傾家贖身的富豪,俘虜不是充軍就是淪為奴隸,更多的,隨著屠城被有效率的血洗了。

Hazrat-Hizr
清真寺

　　Hazrat-Hizr清真寺建於八世紀的阿拔斯王朝，坐落在比比哈藍清真寺和夏伊辛達附近的山丘邊，把守通往阿佛洛夏伯的入口。那年蒙古的30萬鐵騎，像惡魔般湧入古撒馬爾罕，Hazrat-Hizr清真寺也不例外的成為災厄下的受害者。

　　廢墟數百年，坐鎮布哈拉的可汗在1854年對撒馬爾罕進行修復，Hazrat-Hizr清真寺終於得以重建迴廊；但僅十五年後，蘇俄攻下現在的撒馬爾罕，降伏了布哈拉。

撒馬爾罕的
清真寺柱廊

Hazrat-Hizr清真寺

　　Hazrat-Hizr清真寺像是間小型的布哈拉Bolo-Hauz，同樣有圓柱林立的長廊，面對著比比哈藍清真寺和夏伊辛達，圍出壯觀的三角鼎立古蹟群。

　　本來我不打算進入參觀的，櫃台收票的大嬸連忙拉住我，自己幫自己打了對折，盛情難卻，倒是第一次聽說參觀費可以打折。只是我猜想的不錯，可看的就只有在寺外就很清楚的走廊，頂多再墊高了點，改個角度看撒馬爾罕。

　　有個當地人告訴我後面尖塔可以攀登，另外收費，但何必再買一點的高度？

帖木兒傳奇

西元1219年蒙古消滅花剌子模，撒馬爾罕變成了一片焦土，直到百年後有一位自稱是鐵木真後代的霸主出現，他就是中亞史上最有名的帖木兒可汗（Timur）。

自古以來，中亞飽受四面八方的侵略，唯有帖木兒崛起於河中，不僅統一中亞，也占領大多數的歐亞大陸，武功之強曠古絕今，在此之前之後，再沒有中亞國家能有如此的成就。烏茲別克共和國獨立後，國內氣氛低迷，政府刻意塑造出帖木兒民族英雄的形象，過去殘忍的暴君，如今換形象再包裝，他的雕像在全國各地受人景仰著。

西元1336年4月9日，帖木兒出生於沙赫里薩布茲附近的村莊，一個西察合台汗國的貴族家庭。關於他是否繼承可汗血脈，歷史上仍是個謎，但他確實迎娶察合台汗國的公主為妻。在屬於蒙古的年代，成吉思汗的血統被認為是天生的帝王。

沙赫里薩布茲

沙赫里薩布茲（Shakhrisabz）這複雜的名字在塔吉克語中，意思是綠城，是帖木兒為自己的故鄉所起的名。綠城在撒馬爾罕西南約100公里處，我在雷吉斯坦廣場對面的巷內，找到幾個遊手好閒的司機，談好價格25,000som，但他又沿路順便再載其他的旅客。

走出撒馬爾罕，我們的車逐漸攀爬上海拔1,788公尺的隘口。原本帖木兒安排自己去世後歸葬家鄉，然而西元1405年，他在哈薩克斯坦突然因肺炎駕崩，正值嚴冬，通往沙赫里薩布茲的道路大雪封山，棺木過不了這個隘口，因此先安置在撒馬爾罕，入了土，其後的700年來就長眠於古里阿米爾陵，回不到家鄉。

可惜的是，我沒什麼機會去了解綠城的內涵，司機很自動的直驅最顯眼的地標：阿克沙雷宮（Ak-Saray，意思是白宮）。帖木兒從小亞細亞和波斯找來頂尖建築師，足足花了24年建起這座壯觀的夏宮，是專屬於可汗的宮殿。

現存的阿克沙雷宮只剩下門廊的殘骸，這扇拱門本來高達40公尺，左右寬22.5公尺。但拱頂已不復存在，徒留左右兩支巨大拱柱，其中右柱成為觀光用高塔，柱內一百級的陡峭階梯能通往門廊頂端，門票1,000som。柱子上面是全沙城最高的地方，帖木兒的故鄉盡在眼底，我的司機找來攝影師幫我們合照，對分買個回憶。

門廊的背影下，我忍不住放縱自己的想像：當時僅僅就這麼高大，那後方宮殿究竟會是怎樣的規模呢？明朝《西域番國誌》曾

沙赫里薩布茲
的帖木兒像

站在右柱上頂
端眺望左柱

從阻礙帖木兒歸鄉
的隘口,遙望綠城

永遠失去頂
部的拱型

形容阿克沙雷宮:「中有台殿數十間,規模宏博,門廡軒豁,堂上四隅有白玉石柱,金牆壁,琉璃窗。」令多少考古家悠然神往。

　　西元2000年,綠城沙赫里薩布茲同樣也被列為世界遺產。

阿克沙雷
宮遺跡

中亞最強的篇章

　　帖木兒在1369年自立為可汗,隨即從撒馬爾罕出兵去發動征戰,目標是原蒙古帝國的領地,大有取而代之的意味。他先擊潰察合台汗國和波斯,西元1393年,大敗當時極強盛的金帳汗國。金帳汗國就是蒙古的欽察汗國,涵蓋今日東歐、俄羅斯和哈薩克等地,當時未成氣候的斯拉夫民族都受金帳的統治,歐洲人稱他們為韃靼人。

　　被帖木兒擊敗的金帳汗國,國勢開始衰退,100年後終於分崩離析,結果是促成俄羅斯聯合大公國和立陶宛大公國的獨立,誕生了北亞帝國。

　　帝國的巔峰,在西元1398年占領北印度,1401年劫掠中東,攻破當時伊斯蘭

綠城全景

正宗的核心：大馬士革城。1402年征討小亞細亞，與剛興起的鄂圖曼土耳其帝國（今土耳其和巴爾幹半島）在安卡拉對峙。當時鄂圖曼帝國已拿下巴爾幹，正圍攻幾乎沒有陷落過的東羅馬帝國首都：君士坦丁堡，眼看拜占庭滅亡在即。這場意料外的兩大伊斯蘭勢力對決，帖木兒大獲全勝，成功俘虜鄂圖曼的蘇丹巴耶賽特，重創土耳其人的勢力。

安卡拉戰役不僅拯救拜占庭暫免被滅亡，直到50年後，鄂圖曼帝國再度興起才攻下君士坦丁堡；對中國而言，這次遠征也延後帖木兒大舉東征的時機。

Tilla-Kari經學院

端坐在雷吉斯坦中間的Tilla-Kari經學院，是古蹟中的經典，即使行程最緊湊的旅行團，也至少要看一眼它寶藍色的圓頂和輝煌的金壁內牆。

Tilla-Kari這個字詞，意思就是被金色覆蓋的。從正面兩側的小門通往後院，藍色穹頂下的建築，就是精彩出名的金色清真寺。清真寺右廊是小型的博物館，介紹古老的撒馬爾罕，千百年歷史到蘇聯時代時所進行的修復和變遷。

在他身後

大約有長達半個世紀的歷史吧！整個世界幾乎是繞著撒馬爾罕運作，帖木兒很睿智的牽制住絲路主動脈，頻繁的貿易是帝國強盛的泉源。而撒馬爾罕是掌握北

金黃色裝飾

Tilla-Kari
經學院

Tilla-Kari經學
院內的小博物館

亞、南亞、阿拉伯政經的總指揮部，就像是最集權的帝王，他把版圖內優秀的科學家和建築師都集中在首都，為他打造輝煌的年代，今日的撒馬爾罕就是最好的證明。

比比哈藍

比比哈藍（Bibi-Khanym）是帖木兒的中國籍皇后，她所建造的清真寺是當時全世界最大的伊斯蘭建築，大門高達35公尺。傳說為了保證清真寺的完工，比比哈藍吻了建築師，憤怒的帖木兒下令從此婦女皆須以布巾蒙面，不得拋頭露面的勾引男人。帖木兒的禁令傳遍伊斯蘭世界，現在仍忌諱女性在公眾場合穿著太暴露。

1897年的大地震，震塌了大半的撒馬爾罕，現在我站在雷吉斯坦能遠眺的巨門，是後來原地重建的比比哈藍清真寺。門票索費不貲，但當地人卻似乎都自由出入撒馬爾罕所有的古蹟，守門的練就了好眼力，能辨認出各式裝扮和臉孔的觀光客。

這條古蹟大道串接起撒馬爾罕的歷史，我踩在鋪得整齊漂亮的石磚上，從雷吉斯坦走向夏伊辛達。左邊清真寺引來趕集般熱鬧的人群，右邊庭院則是冷清的對比，庭院中間是做小碉堡，這裡是比比哈藍陵、比比哈藍的埋葬之處。

走入地下墓室，幾盞光打得神祕氣氛十足，我在門外拒絕了售票大媽加收的所謂拍照費，意思是門票外再剝削的費用。現在透過天井，我注意到她有意無意的盯住我手上的照相機，大有監視的意味在。這墓室裡，三座巨大的墓碑整齊的排列著。

連接地下墓室的樓梯間，有座向上延伸的螺旋狀樓梯。趁著大媽她不注意，我偷偷攀爬髒亂的通道，最後頭頂上是一片的開闊，比比哈藍陵屋頂上的視野極好。

Tilla-Kari經
學院的藍頂清真寺

把守嚴格的比比
哈藍清真寺巨門

夏伊辛達城中庭，
墓室是最樸素的那

夏伊辛達傳説

　　夏伊辛達（Shah-i-Zinda）陵是座聖陵。七世紀初，穆罕默德過世後，阿拉伯帝國在西元712年贏得怛羅斯之役，這支宗教軍隊最後實現了目標，將中亞納入伊斯蘭世界。據説穆罕默德的cousin，是第一位將伊斯蘭教導進中亞的聖人，倍受尊崇的他葬於夏伊辛達。至今仍是撒馬爾罕最主要的聖地，虔誠的穆斯林絡繹不絕。

　　夏伊辛達原本的意思是活著的王，或許為了彰顯自己的不凡，帖木兒後來將他的親戚和妾妃葬在附近，打造出比鄰的墓室，才形成了今日整排的陵墓群。

比比哈藍清真寺

陵墓城聖地

　　夏伊辛達城外的門下，櫃台婦人撕張門票給我，我聽見左側祈禱室裡的吟誦像背景音樂般繞出來，門口排著幾雙鞋，大概又該是禮拜時間了！

　　走進門，幾十階樓梯直達高高在上的內門，我探頭看見夏伊辛達的內門後走廊，心情忽然的雀躍和興奮，深呼吸也壓抑不住。內門後彷彿是從童話故事裡搬過來的阿拉伯世界，磁磚炫麗的走廊是幻想的舞台，長袍方帽的幾位穆斯林穿梭其中，禱告聲又悠悠的從房間裡迴盪。完全是按照我幻想的宮殿建起來，而不是又一座貌似雷吉斯坦的清真寺或經學院，第一眼，我就深深著迷撒馬爾罕的陵墓城。

　　夏伊辛達的後方是座穆斯林墓園，墓碑是黑色石頭精製，表面光滑，近看上面生動的雷射雕刻出往生者的肖像。第一次見到立著滿是陰森輪廓的墳場，機伶伶一顫，連手臂的毛細孔都隱約的感受到悚然。

帖木兒妃子：
夏迪的墓室

比比哈藍陵墓

陵墓走廊

霸王之隕落

　　帖木兒死後葬於古里阿米爾（Guri Amir）陵，阿米爾（Amir，或譯埃米爾）是伊斯蘭國家對統治者的稱呼。關於撒馬爾罕最出名的傳説，西元1941年二次大戰期間，蘇

聯考古學家麥可海爾（Mikhail）開啟了帖木兒的棺木，發現棺木上的銘文詛咒著：「打開這座墳墓的人，將會被比我更可怕的敵人所打敗！」

第二天，希特勒向蘇聯進軍，他的戰功、他的殘忍也確實都不遜色於帖木兒。

古里阿米爾陵建於西元1404年，原本是帖木兒為了安葬兒孫所準備，沒想到自己也長眠於此。實際上的棺木在地底深處，伊斯蘭式的陵寢上放置僅具象徵性的玉石。共享榮耀的包括帖木兒的導師、兒孫和繼任的兀魯伯，共計9座王室墓碑。

古里阿米爾陵

走出Antica（我住的B&B民宿）的老巷弄，古里阿米爾陵親近的像間派出所，駐守在社區外圍。整座陵墓的地基略低於腳下的地平線，入口處是在左側一扇小門，內門裡，十幾個觀光客輕輕的在欣賞壁雕。當你想到眼前安葬的是差點征服世界的皇帝時，你連呼吸都會嫌太過於用力，不由自主的，在四面光華散射的雕飾下感到謙遜。

Antica住進個活潑的英國男，說晚上的古里阿米爾很正點，邀我去見識。晚上的可汗墓不收費，我們於外門看管理員拎著鑰匙，和當地人邊聊邊走遠，在雲彩沉重到失去顏色，黑暗只囂張十幾秒，幾盞光隨即打亮彩繪的門面，皇陵又換了個面貌。

古里阿米爾陵

長眠於此的王公貴族們

帖木兒墓碑

帖木兒之後

約翰‧達爾文（John Darwin）所寫的《帖木兒之後》（After Tamerlane），稱呼帖木兒是最後的地理征服者，他的霸業奠基在只屬於他武力的時代。六個世紀到現在，再沒有人能呼風喚雨一個單純的世界，文明越發展，征服世界越變成了傳說，只剩電影和卡通仍相信的傳說。兩次的世界大戰，證明多元化和民族主義才是趨勢。

帖木兒的死也別具意義，象徵著東西消長的歷史路標，就這刻起，成吉思汗帝國才終於崩壞，歐洲勢力的趁機崛起，拉開了直到現在才見得到車尾燈的差距。

學者治國

雷吉斯坦廣場左面的兀魯伯神學院，是帖木兒的孫子，帝國的繼承人：兀魯伯（Ulugbek）所建的。

兀魯伯神學院

兀魯伯雖然身為汗國的統治者，卻是位更出色的天文學和數學家。神學院建於西元1402年，最初是學術用途，兀魯伯曾在此開課教授天文學和數學等科目。在可汗的號召下，當時的撒馬爾罕聚集不少來自世界各地的科學家，是世界的學術中心。

兀魯伯似乎很愛星形，和他有關的建築都掛滿了星星浮雕，外牆上爬滿各種不規則五角形；在經學院內部，可汗和學者激論天文學的畫面被永恆的保存。

遊客雲集的兀魯伯經學院

兀魯伯天文台

在撒馬爾罕附近的兀魯伯天文台（Ulugbek's Observatory），是兀魯伯的實驗室。眾多天文學家在可汗的召集下編製新的天文地圖，定位1,018顆星星的方位和軌跡，是非常著名的考古發現。

從阿佛洛夏伯往雷吉斯坦的反方向走，大約20到30分鐘會到天文台。我在阿佛洛夏伯邂逅的日本夫妻正要前往，便邀我同行，我也樂得省下這份氣力。

車停在天文台下，老夫妻和導遊小姐卻遲遲不開

兀魯伯雕像

兀魯伯天
文台外觀

天文台博物館

保存完整的兀魯
伯天文台遺跡

門。這才說明他們已經來過，卻體貼的送一程萍水相逢的我，他們簡單的祝我好運，車隨即便駛回。而我除了由衷的道別外，來不及傳遞其他的謝意，旅行的交會輕描淡寫，卻很溫暖。

踏進園區內，遠遠看見觀光客在一扇很神祕的門邊低語，我也跟著擠進去。裡面竟然僅只兩尺寬左右，一道渠溝從腳底下以反拋物線的軌跡，劃向底下黑暗盡頭的乾土堆裡。兩旁土牆像硬是劈砍出來般凌亂，屋頂以金屬覆蓋，奇異難以言喻。我端詳許久也猜不透作用。若非先得知是古代天文台，說它是古代溜滑梯也不無說服力吧！

答案就放在天文台博物館裡，幾幅說明圖解釋了一切。整座天文台其實是個巨大的量角器，巨型石座弧度60度、每度間隔70公分，屋頂上兩個縱向的孔隙，透過孔隙找到目標星星的仰角，就能加以定位。博物館外型更接近一般對於天文台的認知，圓柱穹頂，記載著這位學者帝王的劃時代成就，和哥白尼、伽利略並列千古。

獅子（Sher Dor）經學院

雷吉斯坦廣場右側的獅子（Sher Dor）神學院，共費時17年才完工，Sher Dor是獅子的意思，故又名獅子經學院。從獅子上方的太陽看來，當時仍保有祆教拜火的精神。

波斯插曲

後來兀魯伯死於家族鬥爭，帖木兒帝國也瓦解。

16世紀昔班尼汗國滅亡後，活躍在中亞舞台上的是波斯人，那位攻入撒馬爾罕的波斯將領Nadir Shah，帶走了帖木兒陵墓上的碧綠玉石碑。據說從此他就像是誤觸法老王的詛咒似的，玉石也碎裂成兩半，最後逼的他不得不歸還到古里阿米爾。

傳說的延續

但帖木兒的傳奇還沒結束，西元1500年被昔班尼擊敗，帖木兒的子嗣巴布爾（Babur）率領殘餘部眾往南，1526年帕尼帕特戰役中以十分之一軍力擊敗印度蘇丹，在德里建立雄據南亞的蒙兀兒帝國。巴布爾最後葬在阿富汗的首都喀布爾（Kabul），這城市就是《追風箏的孩子》的場景，至今仍有巴布爾花園等遺跡。

三大神學院的
獅子經學院

全盛時的蒙兀兒帝國疆界囊括印度半島和喀什米爾、阿富汗等，是印度史上第一個有制度和規模的統治者，對近代印度的影響深遠。蒙兀兒可汗治理下，經貿發達，次大陸的人口竟比全歐洲還多，證明成吉思汗的血脈確實有治國長才。其中最著名的泰姬瑪哈陵，是第五任皇帝沙迦汗（Shah Jehan）為亡妻所建，延續一部分撒馬爾罕的建築風格，堪稱印度史上最美麗的建築瑰寶，和萬里長城並列世界的七大建築奇蹟。

至今仍活躍的
雷吉斯坦廣場

直到西元1857年英國結束蒙兀兒帝國的統治，成吉思汗長達600年血脈的霸業才正式終結。蒙兀兒帝國，意思就是蒙古人的帝國。

據說巴布爾被逐出河中後，終其一生都想著奪回撒馬爾罕。19世紀的一場地震將撒馬爾罕活埋，從此撒馬爾罕被迫暫時退出歷史舞台，沉寂長達百多年。直到蘇俄占領烏茲別克，將眾多古蹟從地下挖掘出來，撒馬爾罕才回到這個認不出它的世界來。

西元1924年烏茲別克共和國曾定都在撒馬爾罕，如今它也是世界遺產。

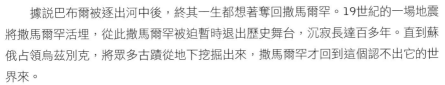

開啟嶄新的篇章

撒馬爾罕新城區輻射的圓心，也是一尊帖木兒王座，君臨他的帝國。

新城的巷弄比塔什干更翠綠蒼蒼，搭配的是平坦的康莊大道，隔壁街區多的是倉庫般凌亂的百貨公司，馬路上有小孩揮舞鞭條驅著驢車，也有汽車呼嘯而過。撒馬爾罕在很多方面顯得錯亂的不協調，除了別致的古蹟外，當地人對旅客已經是見怪不怪。

撒馬爾罕知名的B&B民宿有Bahodir和Antica，我在塔什干和背包客討論，大多比較推薦Antica，理由不外乎營造的傳統氣氛濃厚，背包客心中加分不少。

帖木兒

撒馬爾罕的街景

在別院的柱
廊下納涼

烏茲別克大亨
堡店的客人

Antica位於古里阿米爾陵旁的巷子裡，有座叢林般的花園庭院，各種果樹茂密的遮蔽住豔陽，常有背包客會在這納涼聊天。Antica的老闆娘也能提供旅客需要的服務，例如代訂機票、火車票、安排導遊、提供茶水，甚至幫忙泡麵等。

住宿是每晚14美元，我和幾個男背包客住在Antica別院，每個人只有一張床墊。但標榜著傳統風格的房間內，裝飾有精美雕刻的圓柱和古色古香的地毯、窗簾、銅器和陶器等。我床邊堆了好幾個瓷盤，我只好在瓷盤下面也鋪點毯子。據說烏茲別克家庭的臥室總疊上許多地毯，展示屋主的財富與品味，在Antica也同樣看得到這個傳統。

背包食譜

在撒馬爾罕用餐，切記要先詢問清楚消費。我有兩次在茶館吃飯，結帳卻被店員漫天開價的經驗，雖然都有先問價格，但店員還是擺出被抓到卻無所謂的討厭臉。或許敲詐外地人是理所當然的事吧！

某天的中午，我在納沃伊（Navoi）公園一間氣氛悠閒的餐廳用餐，邊讀menu邊計算這一頓的預算，但侍者最後送來的帳單竟多了不只一倍。我驚怒的要求對質，他聳聳肩，再出現時連小費也回歸了合理的範圍。這種情況在別的城市都絕少發生，或許撒馬爾罕的觀光客較多，很多旅行團都任當地人宰割，連帶的背包客也遭殃。

吃在撒馬爾罕的選擇確實有限，雷吉斯坦廣場對面有家賣饢夾著熱狗、胡蘿蔔絲和番茄醬的小店，中亞版大亨堡口感真不怎樣，只是便宜又夠分量。

趕集去！

烏茲別克最大的巴札在撒馬爾罕附近的Urgut，而

Urgut假日市集

服裝店

且指定是假日巴札,才能見識到趕集的原汁原味。在雷吉斯坦右側的公車總站,我輕易找到了開往Urgut的班車。

由於在撒馬爾罕被商人坑的很過癮,我抱著血拼的心情來到Urgut,絲綢每公尺台幣100元,比原產地馬爾吉蘭還便宜。幾個日本人展現膽大心細的本能,無論在哪,都掩藏不住鈔票散發的氣味,被當地婦女拿Chapon包圍住,還有餘裕能挑選、殺價到付帳,一氣呵成。日本背包客總自成一群,即使旅行也執行的很有效率。

巴札的同種商品自成一區,有效的降低搜尋成本,你可以看到熟食區、香料區、服裝區、金屬區攤在眼前,每一區也都分類擠進十幾個攤位,顏色繽紛到辨認不出種類之間的差異。對當地人只圖個方便,對我們旅人可是難得壯觀的畫面。

旅行筆記

- 關鍵字Registan。雷吉斯坦在全城的中心,右側的巴士總站是所有公車的起點。
- 塔什干和布哈拉有火車、飛機或出租車前往撒馬爾罕。
- 市內交通主要是公車或步行,計程車在雷吉斯坦正對面。
- 觀光客物價比台灣高,最好找當地雜貨店消費。景點區的門票約台幣50(阿佛洛夏伯)到150元不等(雷吉斯坦)。
- 雷吉斯坦有賣撒馬爾罕的特產布娃娃,不過更推薦到Urgut血拼。
- 從雷吉斯坦發車前往Urgut,票價1,500som,約45分鐘抵達巴札外的對街;回程公車就等在巴札外。
- 欲前往沙赫里薩布茲都要找計程車司機議價。

返回 太平洋。

073
13743

℀REGIST

雷吉斯坦
快車外觀

　　雷吉斯坦特快車每天下午5點發車回塔什干，是烏茲別克最先進的特等列車，配備有飛機座椅，晚上9點抵達塔什干火車站。車站和Gulnara旅社之間的計程車合理價格是5,000som左右，我漸漸銘記於心，總有司機想多占一點便宜。

　　三進三出塔什干，我明白這將是最後一次。放棄希瓦、放棄鹹海、放棄烏爾根奇似乎是損失不小，同樣來自台灣的孫姐耐心聽完我的故事，建議我，不需要把自己逼向極限。也許我沒留意，但狀況頻仍和無休止的新環境，已經磨得興致都逐漸凋零枯萎，況且在既辛苦、又幸運的哈薩克搶案後，也實在是不該再挑戰運氣的極限了。

　　美好回憶，就該在完美的狀態畫下句點。

　　於是，我前去的終點依舊是最熟悉的塔什干，雷吉斯坦特快車好大的名氣，但椅背堅硬、空間狹窄，一小時就足以逼得我去走廊上罰站。

　　那天Gulnara的旅客很少，旅途中結識的人多已離開烏茲別克，儘管永遠會有新的旅人出現，但寂寞滋味，卻始終沒靜靜咀嚼。我擁抱Gulnara老闆娘，感謝她一直給的關愛，我又堅強的旅行近一個月。

　　往曼谷轉台灣，難掩近鄉情怯的感動，和旅行最後的惆悵。

車廂內部

塔什干郵政總局

曼谷機場

後序。

離開你，我仍在旅行

我寫後序，不作前言，只因為感觸在最後驀然回首才更加的入味。

這趟旅行存在著太多失控的因素，加上我個人太多任性的更動計畫，執意流浪，尋覓自由的極限，以我的風格，在世界的畫板添加自我的概念。哈薩克的案件並不是偶然，追根究底，卻是一個粗糙的疏忽，是我必須承擔和挑戰的課題；其餘的全然能反映我每一刻抉擇，旅行該是塊無限延伸的空白畫布，這也是令人著迷，而願意畢生追隨的理由。

以前或以後，甚至於旅行的期間也不倖免，我常會聽到某些獨斷的評論，類似你旅行為什麼要如此辛苦？為什麼要刻意的省錢？怎麼會有人想要去打工旅行？那不是種廉價勞工嗎？這樣子的旅行能有什麼意義？

是啊！凡事總該有個意義。我想旅行至少教會我領悟世界的浩瀚，學會僅止於包容，卻不必理解各類的價值觀，這外面多的是難以理解的意義。

但，親愛的正讀著後序的你，會知道我盡可能讓你藉由我的雙眼，去看那遙不可企的地帶，透過我的不安，我的孤獨，和我的疲憊，睜大眼為旅行中點點飄邈的星光而感動。

親愛的正讀著後序的你，至少已陪我經歷一趟奇異的旅行。

你是否也有地圖被撕裂的震撼？對於連貫東西方歷史的橋樑喝采，彷彿正站在雷吉斯坦廣場中央，細膩的察覺到地球的運轉；是否也著手計畫自己的旅行？更無論你對旅行的偏好，卻願意和我分享遠方的故事，這才是意義。

　　我會遺憾照片無法傳達給你的最深層悸動，當我站在布哈拉，觸摸Kalon宣禮塔的磚牆，想像千年來，行走過牆下的異邦人士，商隊交易，兵戎征戰，穆斯林在垂首禱告，他們的聲音穿越時空而來。你將來必定有機會能體驗，和遙遠的時空交心，這感受你既明白，也不明白。

　　你更應該明白我們的人生，都是一趟又一回蛻變的旅行，而且常常是帶點疑惑的，搭車進入到一個陌生的城市，歷經痛苦的適應。你當然會懂，那些揮別這座熟悉的城市而前往他們旅程的朋友們，也是曾忍耐過極深切的割捨。

　　然而，你最重要的力量，是儘管曾被某人欺騙、被囚禁在車內、在荒山野嶺看不見未來的渺茫希望、強顏歡笑的面對難以衡量的損失。事過境遷，我們卻仍在旅行，是因為我們信仰下一站必定有什麼值得期待，就算是渺茫的很悲觀，也會比什麼中亞，比帖木兒的事蹟更壯闊。這力量讓我們的人生有了樂觀，有了無數次持續旅行的能耐，記得嗎？旅人的本質不就是樂觀？

　　於是我欣喜的得知，你也仍在旅行。

　　謝謝旅途中每段緣分，即便是被逮捕的Pacalin、或也許仍在逃的Mulan，是你們共同編織成我獨一無二的故事。

　　如同我感激人生旅程中每個片段的過客。

　　以及親愛的正讀著後序的你。

國家圖書館出版品預行編目資料

中亞傳奇 逃出哈薩克／羅的好 文・攝影. --初
版. -- 臺北市：華成圖書, 2011. 10
面 ； 公分. --（自主行系列；B6111）

ISBN 978-986-192-117-4（平裝）

1. 自助旅行 2. 遊記 3. 中亞

734. 09 100016389

自主行系列 B6111

中亞傳奇 逃出哈薩克

作 者／羅的好

出版發行／ 華杏出版機構
華成圖書出版股份有限公司
www.farreaching.com.tw
台北市10059新生南路一段50-2號7樓
戶 名 華成圖書出版股份有限公司
郵政劃撥 19590886
e-mail huacheng@farseeing.com.tw
電 話 02 23921167
傳 真 02 23225455
華杏網址 www.farseeing.com.tw
e-mail fars@ms6.hinet.net
華成創辦人 郭麗群
發 行 人 蕭聿雯
總 經 理 熊芸
法 律 顧 問 蕭雄淋・陳淑貞

主 編 洪文慶
企劃編輯 俞天鈞
執行編輯 李素卿
美術設計 謝昕慈
印務主任 蔡佩欣

定 價／以封底定價為準
出 版 印 刷／2011年10月初版1刷

總 經 銷／知己圖書股份有限公司
台中市工業區30路1號 電話 04-23595819 傳真 04-23597123

☺讀者回函卡

謝謝您購買此書，為了加強對讀者的服務，請詳細填寫本回函卡，寄回給我們（免貼郵票）或 E-mail至huacheng@farseeing.com.tw給予建議，您即可不定期收到本公司的出版訊息！

您所購買的書名/＿＿＿＿＿＿＿＿＿＿＿＿＿　購買書店名/＿＿＿＿＿＿＿＿＿＿

您的姓名/＿＿＿＿＿＿＿＿＿＿＿＿＿＿　聯絡電話/＿＿＿＿＿＿＿＿＿＿＿

您的性別/□男 □女　　　您的生日/西元＿＿＿＿＿年＿＿月＿＿日

您的通訊地址/□□□□□＿＿＿＿＿＿＿＿＿＿＿＿＿＿＿＿＿＿＿＿＿

您的電子郵件信箱/＿＿＿＿＿＿＿＿＿＿＿＿＿＿＿＿＿＿＿＿＿＿＿＿

您的職業/□學生 □軍公教 □金融 □服務 □資訊 □製造 □自由 □傳播
　　　　　□農漁牧 □家管 □退休 □其他

您的學歷/□國中（含以下） □高中（職） □大學（大專） □研究所（含以上）

您從何處得知本書訊息/（可複選）

□書店 □網路 □報紙 □雜誌 □電視 □廣播 □他人推薦 □其他

您經常的購書習慣/（可複選）

□書店購買 □網路購書 □傳真訂購 □郵政劃撥 □其他＿＿＿＿＿＿＿＿＿

您覺得本書價格/□合理 □偏高 □便宜

您對本書的評價（請填代號/ 1.非常滿意 2.滿意 3.尚可 4.不滿意 5.非常不滿意）

封面設計＿＿＿＿　版面編排＿＿＿＿　書名＿＿＿＿　內容＿＿＿＿　文筆＿＿＿＿

您對於讀完本書後感到/□收穫很大 □有點小收穫 □沒有收穫

您會推薦本書給別人嗎/□會 □不會 □不一定

您希望閱讀到什麼類型的書籍/＿＿＿＿＿＿＿＿＿＿＿＿＿＿＿＿＿＿＿＿

您對本書及我們的建議/

華杏出版機構

華成圖書出版股份有限公司　收

台北市10059新生南路一段50-1號4F　TEL/02-23921167

（沿線剪下）

（對折黏貼後，即可直接郵寄）

本公司為求提升品質特別設計這份「讀者回函卡」，懇請惠予意見，幫助我們更上一層樓。感謝您的支持與愛護！

www.farreaching.com.tw　　請將 B6111 「讀者回函卡」寄回或傳真 (02) 2394-9913